西夏碑碑帖

吴峰天 编著

武威市西夏博物馆 编

读者出版社

图书在版编目（CIP）数据

西夏碑碑帖 / 吴峰天编著 ; 武威市西夏博物馆编
. --兰州 : 读者出版社, 2023.9
ISBN 978-7-5527-0762-5

Ⅰ. ①西… Ⅱ. ①吴… ②武… Ⅲ. ①碑刻-研究-武威-西夏 Ⅳ. ①K877.424

中国国家版本馆CIP数据核字(2023)第169336号

西夏碑碑帖
吴峰天　编著
武威市西夏博物馆　编

责任编辑　王宇娇
装帧设计　雷们起

出版发行　读者出版社
地　　址　兰州市城关区读者大道568号(730030)
邮　　箱　readerpress@163.com
电　　话　0931-2131529(编辑部)　0931-2131507(发行部)

印　　刷　甘肃澳翔印业有限公司
规　　格　开本 787 毫米 × 1092 毫米　1/8
　　　　　印张 18　插页 1　字数 128 千
版　　次　2023 年 9 月第 1 版
　　　　　2023 年 9 月第 1 次印刷
书　　号　ISBN 978-7-5527-0762-5
定　　价　78.00元

序

《凉州重修护国寺感通塔碑》又称《西夏碑》，是西夏王朝第四位君主崇宗李乾顺在天祐民安五年（1094年）所立，距今已930余年。清嘉庆九年（1804年），著名金石学家张澍在凉州清应寺内发现了此碑。碑身高260厘米，宽100厘米，厚30厘米；碑座高59厘米，宽80厘米，底沿宽98厘米，厚98厘米；通高319厘米。此碑是迄今发现保存最完整的西夏文和汉文相对应的西夏碑刻遗存，共计8个西夏文篆书和1570个西夏文楷书。1961年3月4日，此碑被国务院列为全国重点文物保护单位，现藏于甘肃省武威市西夏博物馆，是武威市西夏博物馆的『镇馆之宝』。

西夏文字是参照汉字，运用合成造字法所创造的文字，这一点在学术界已有共识。从字形结构来看，西夏文字才是名副其实的方块字，其结构不仅仅有上下结构和左右结构，还有左中右结构和上中下结构，甚至还有一些特殊结构，在构成上更讲究结构的穿插或搭配。从现有资料来看，西夏文书体可从保存至今的雕版印刷、碑刻、墨书写本及其他如钱币、印符等遗存中窥探一二。西夏文字的书体有楷书、行书、草书、篆书，这是后人以评判汉字的标准对西夏文字进行分类。在西夏政权存在的近200年中，西夏政权是否颁布了西夏文书体的撰写标准，西夏文书体是否真正达到了书法艺术的高度，是否如汉字一般有楷书、行书、草书、篆书之分，还需更多的资料来考证。当下我们且以分析汉字书法的标准分析西夏文书法，因此西夏文墨书又包括软笔书法和硬笔书法。

软笔书法。西夏文软笔书法主要以中锋为主，兼有顿、挫之笔势，楷书尤讲究中规中矩。在存世的遗迹中，西夏文字独树一帜，雄宏厚实，夺人眼球，字字如弈，扣人心弦。

硬笔书法。西夏文硬笔书法受当时其他民族的文化的影响，主要是受吐蕃文化的影响。多以木或竹为原料削制为笔，但又有区别。西夏文硬笔依然延续突出中锋的作用，突显圆头笔尖的特质，所以在西夏文硬笔遗存中少了起落顿笔，多了转折笔画，仅显简约、单纯之感。

武威市西夏博物馆建成后，博物馆决定复刻《凉州重修护国寺感通塔碑》。因之前保护条件所限，碑石原貌已不复存在，这使得复刻石碑的工作非常艰难。鉴于此，复刻工作先从整修碑刻内容开始。首先是搜集历史资料，将现有的相关文献加以整理。汉文碑文以清代金石学家张澍、罗福成先生、西夏文碑文以罗福成先生、陈炳应先生、史金波先生的研究版本与原碑互为对照。

其次是依据碑石上的字迹遗痕，用传统手法进行描摹，基本上还原了碑刻面貌。经过两年的辛勤工作，在大家的共同努力下，顺利完成了复刻工作，我终于有机会近距离地观摩它。

武威西夏碑西夏文书体的结构、形质、布局在这 1570 余字中尽显锋芒，但是对西夏文书体的深层次探讨还存在许多盲区。这本书的出版，旨在让大家看见完整又真实的碑刻面貌，让大家有机会认识它、亲近它、了解它。

作者 2022 年 10 月于武威

目录

西夏碑西夏文碑帖

西夏碑正面

罗福成（民国）版本（以下简称罗）：

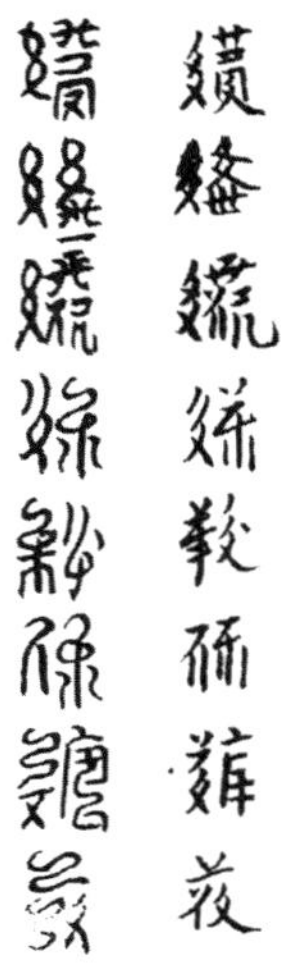

敕感應一塔之碑文

陈炳应版本（以下简称陈）：

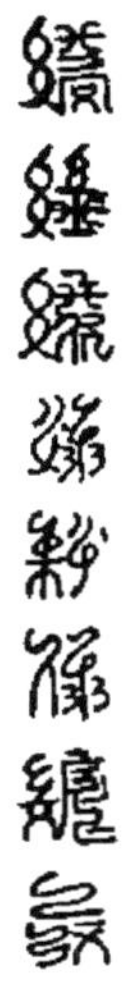

史金波版本（以下简称史）：

重修护国寺感通塔碑西夏文碑铭（1094）

篆额：

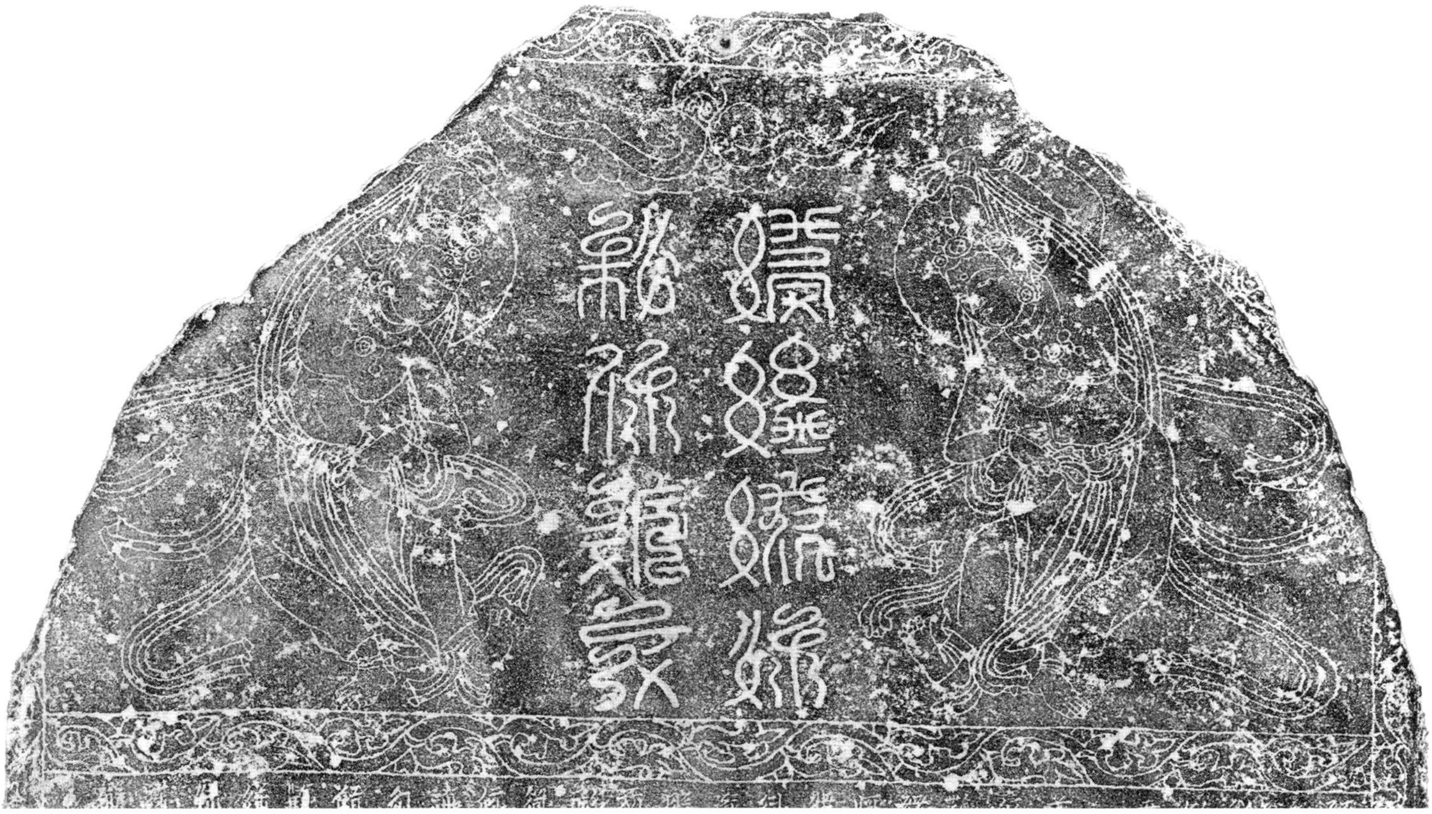

第一行

罗：

白上國護寺涼州感應丨塔之碑文

陈：

史：

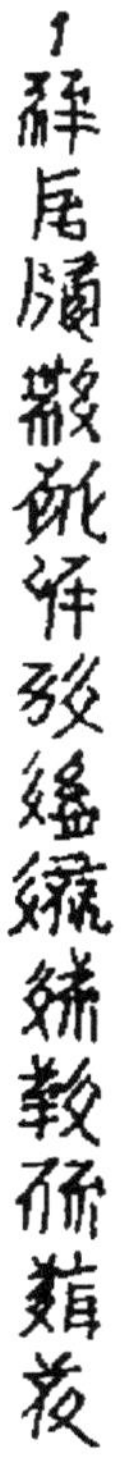

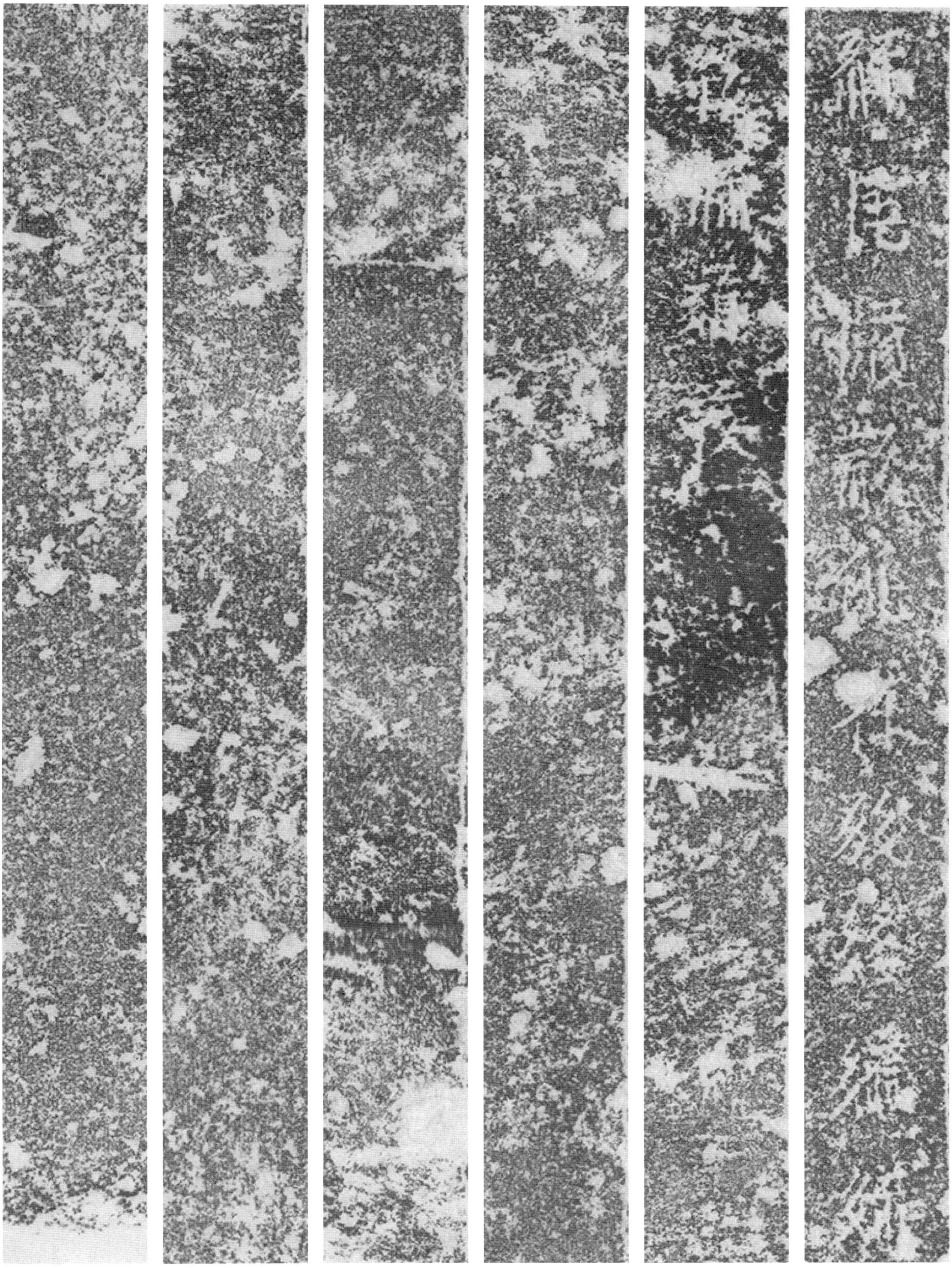

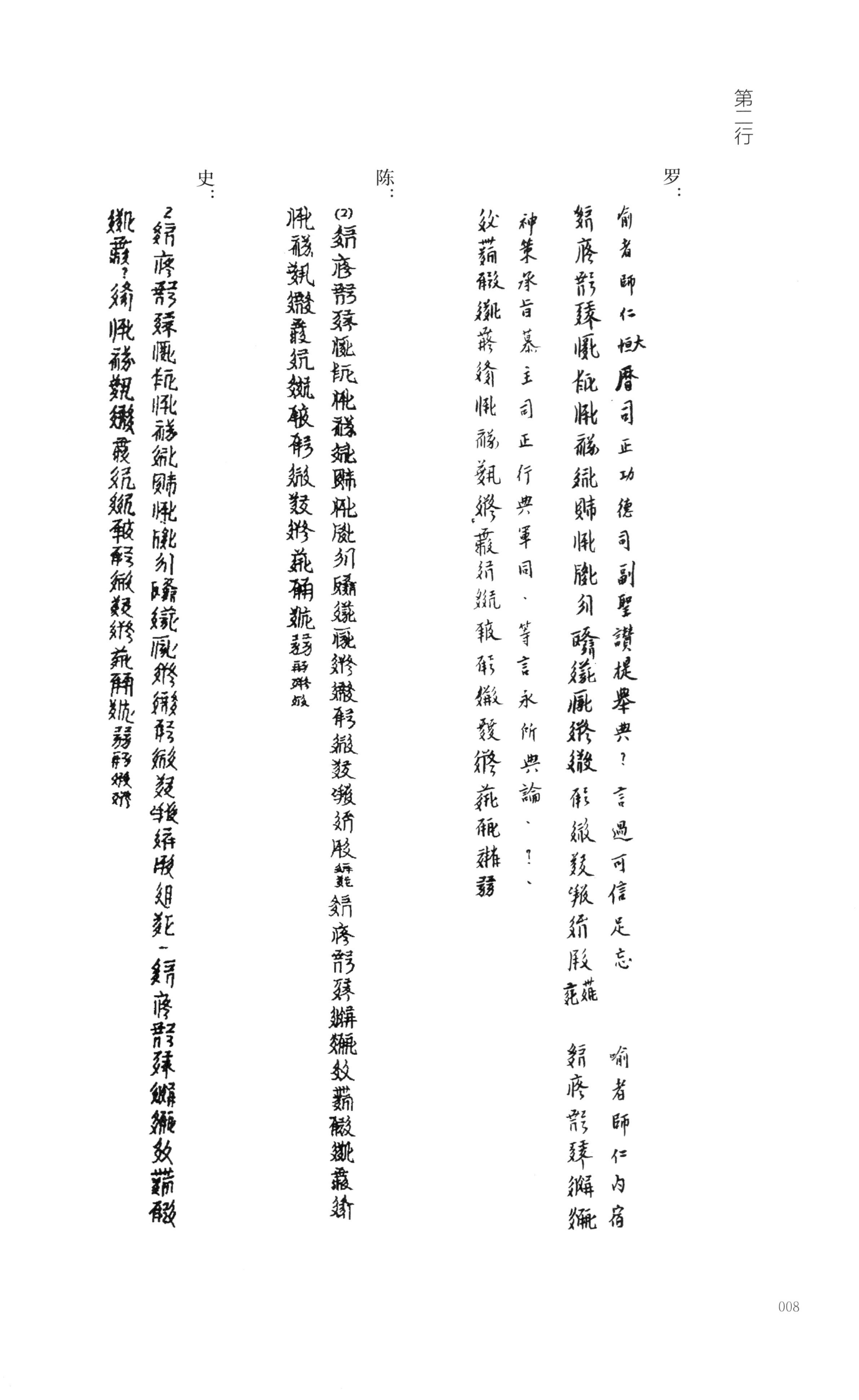

罗：

俞者師仁恒大曆司正功德司副聖讚提舉典？言過可信足忘

[illegible]

神策承旨慕主司正行典軍司、等言永所典論、？、

[illegible]

喻者師仁内宿

[illegible]

陈：

(2) [illegible]

史：

2 [illegible]

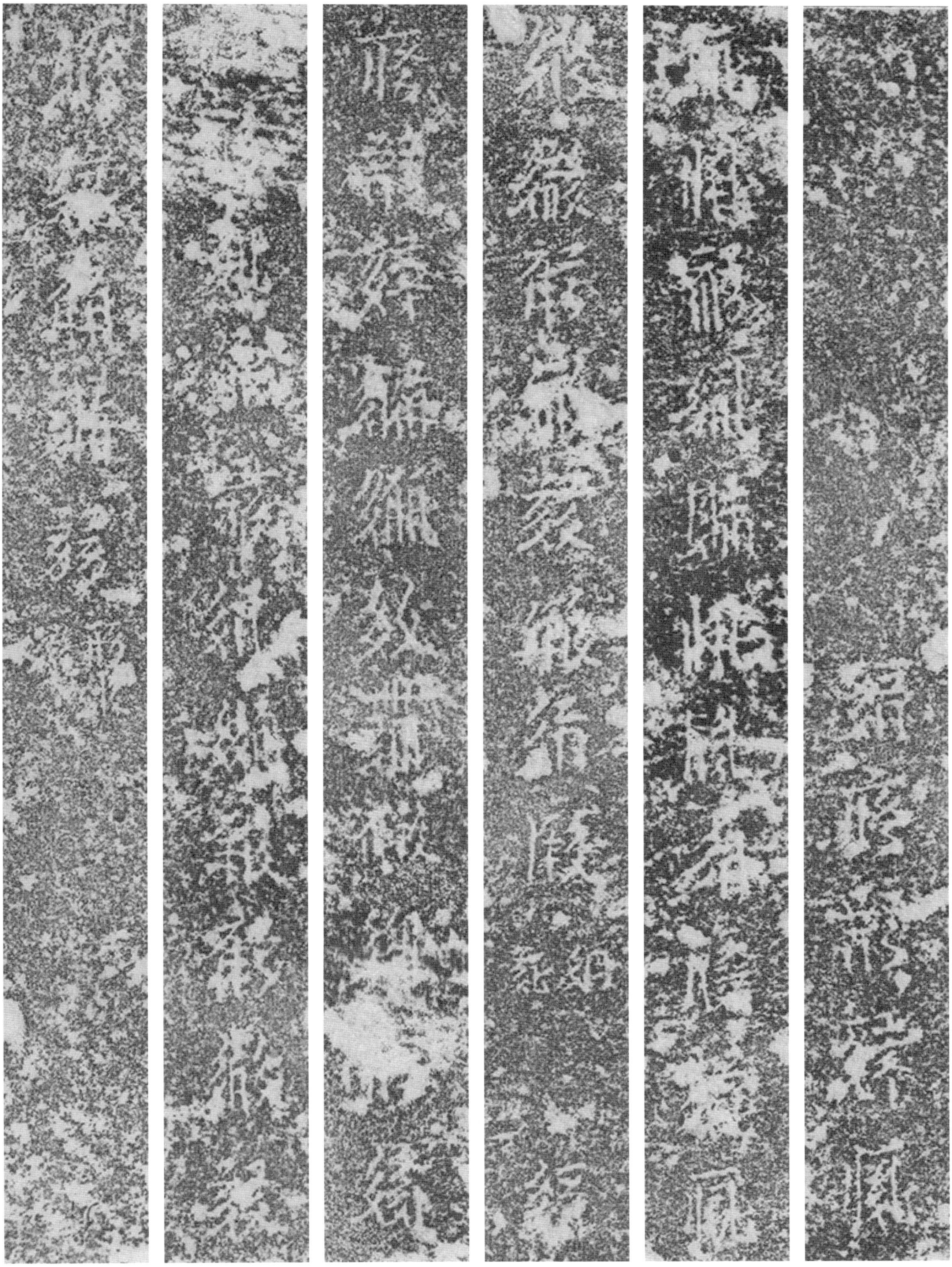

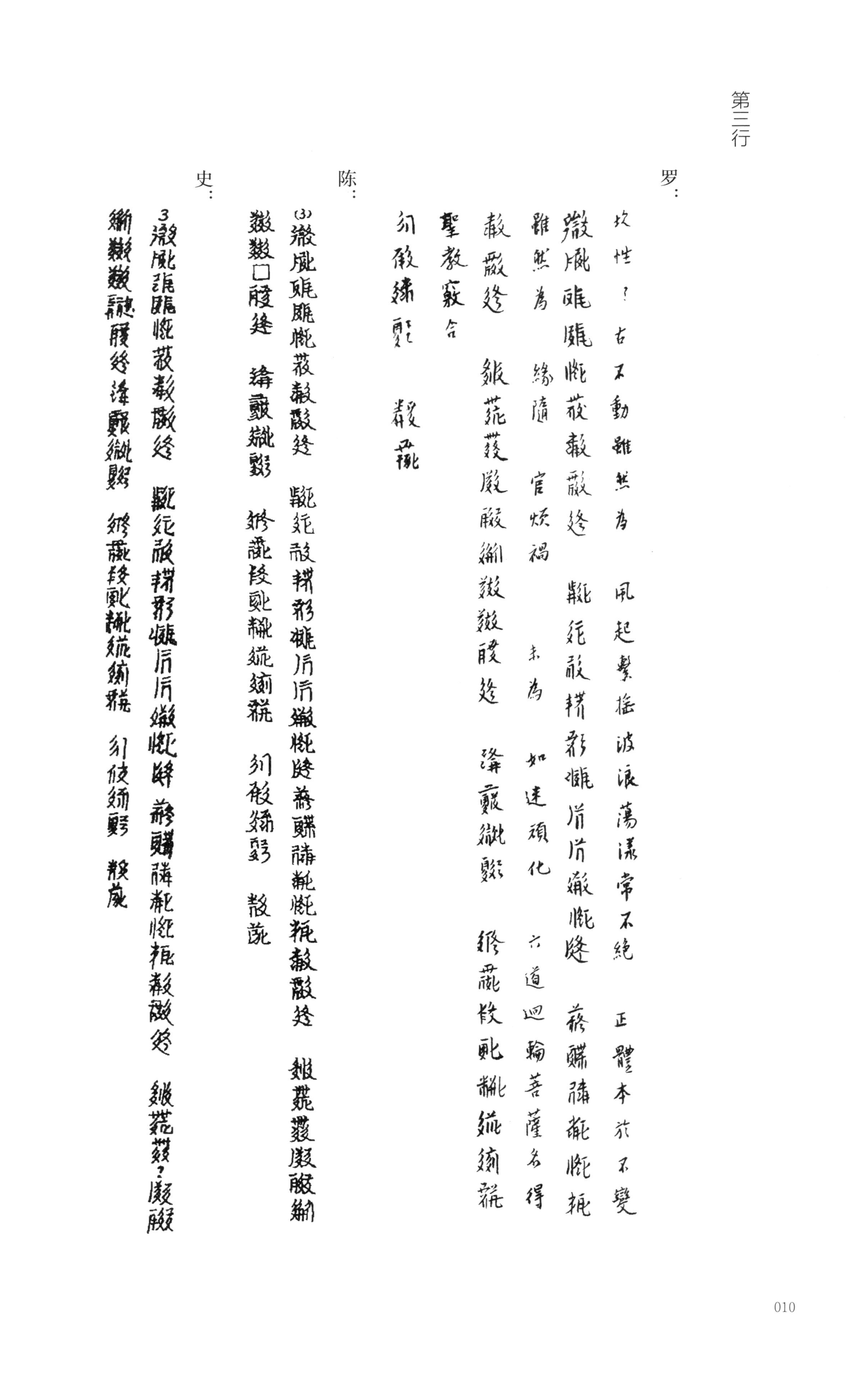

第三行

罗：

坎性？古不動雖然為　風起鼙搖波浪蕩漾常不絕　正體本於不變

[illegible]

雖然為　緣隨　宦炽禍　未為　如迷頑化　六道迴輪菩薩名得

[illegible]

聖教竅合

[illegible]

陈：

(3) [illegible]

[illegible]

史：

3 [illegible]

[illegible]

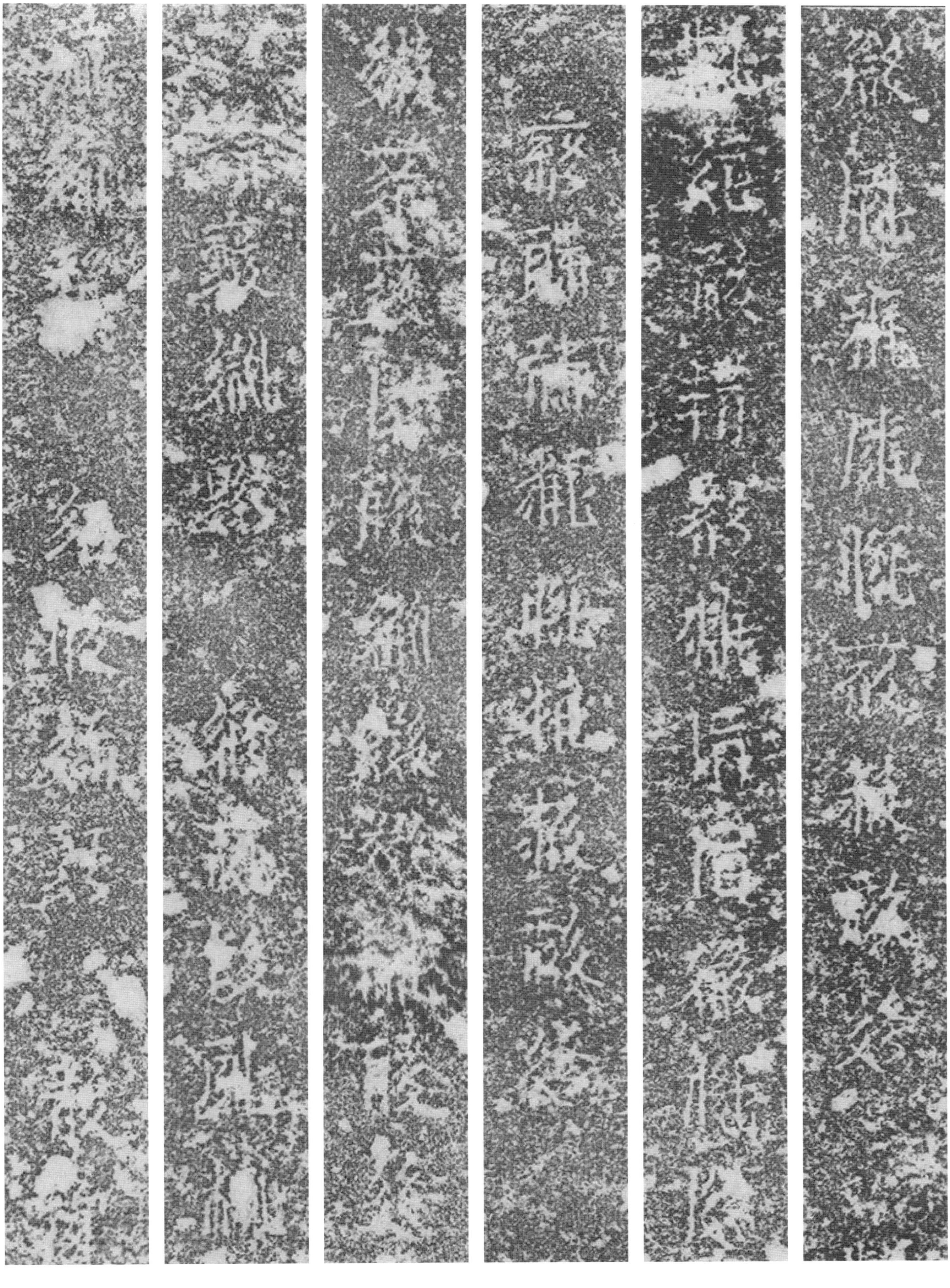

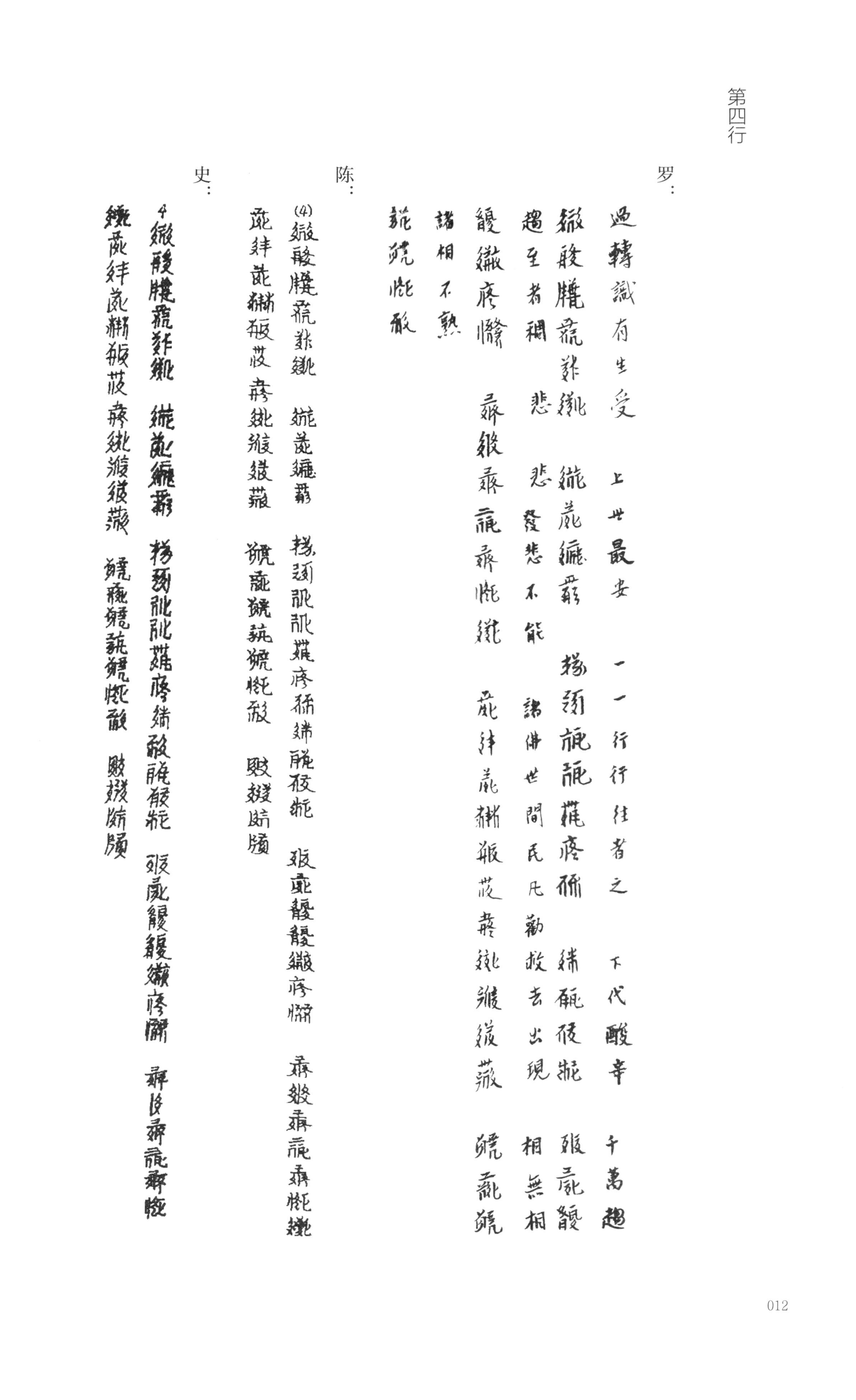

罗：

過轉識有生受 上世最安 一一行行往者之 下代酸辛 千萬趣

[illegible]

趨至者稠 悲 悲 發悲不能 諸佛世間氏凡勸救去出現 相無相

[illegible]

諸相不熟

[illegible]

陈：

(4) [illegible]

[illegible]

史：

4 [illegible]

[illegible]

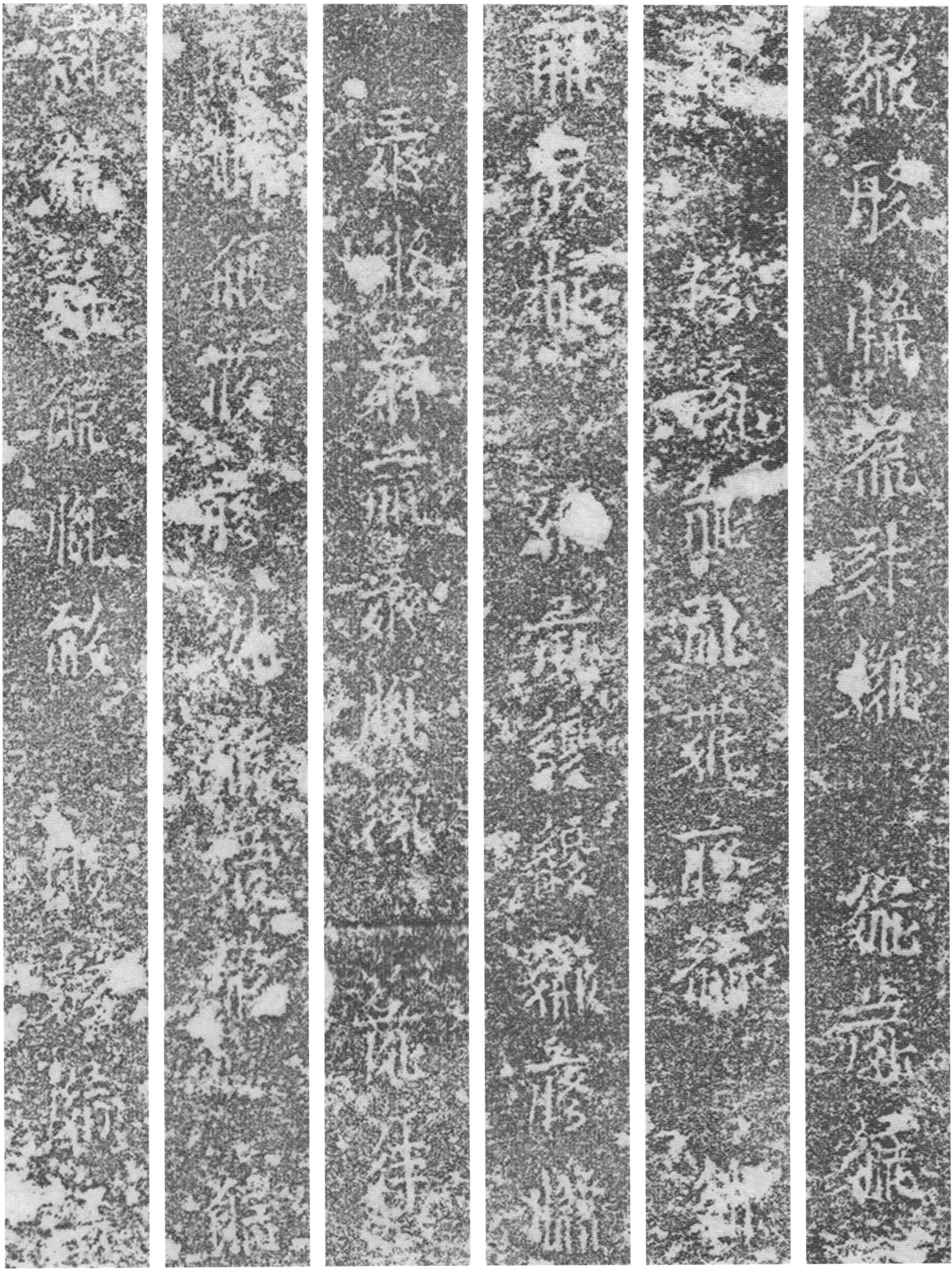

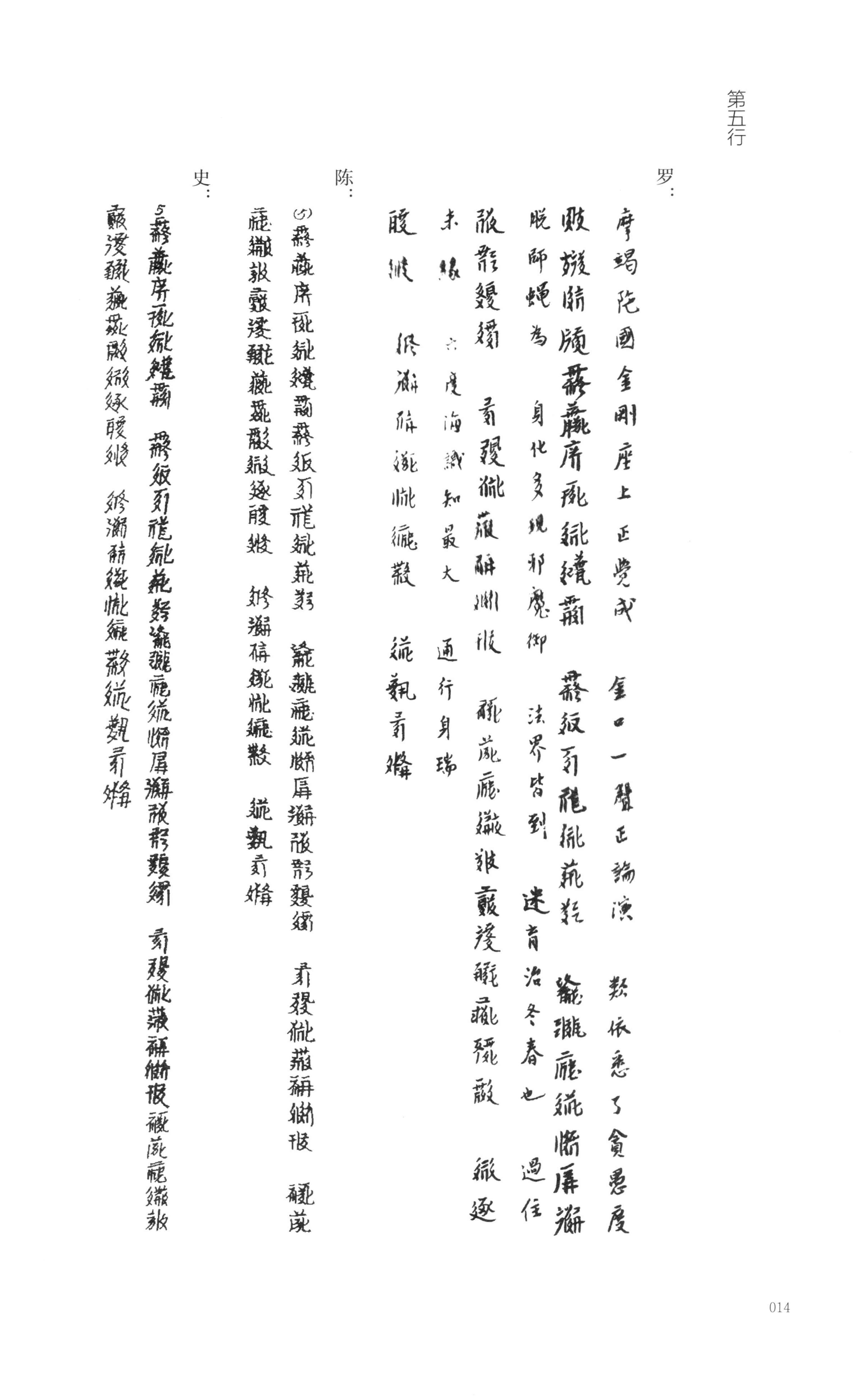

罗：

摩竭陀國金剛座上正覺成　金口一聲正論演　數依悉了貪愚度

[illegible]

脱師蝿為　身化多現邪魔御　法界皆到　迷盲治冬春也　過住

[illegible]

末緣　六度海識知最大　通行身瑞

[illegible]

陈：

(5) [illegible]

[illegible]

史：

5 [illegible]

[illegible]

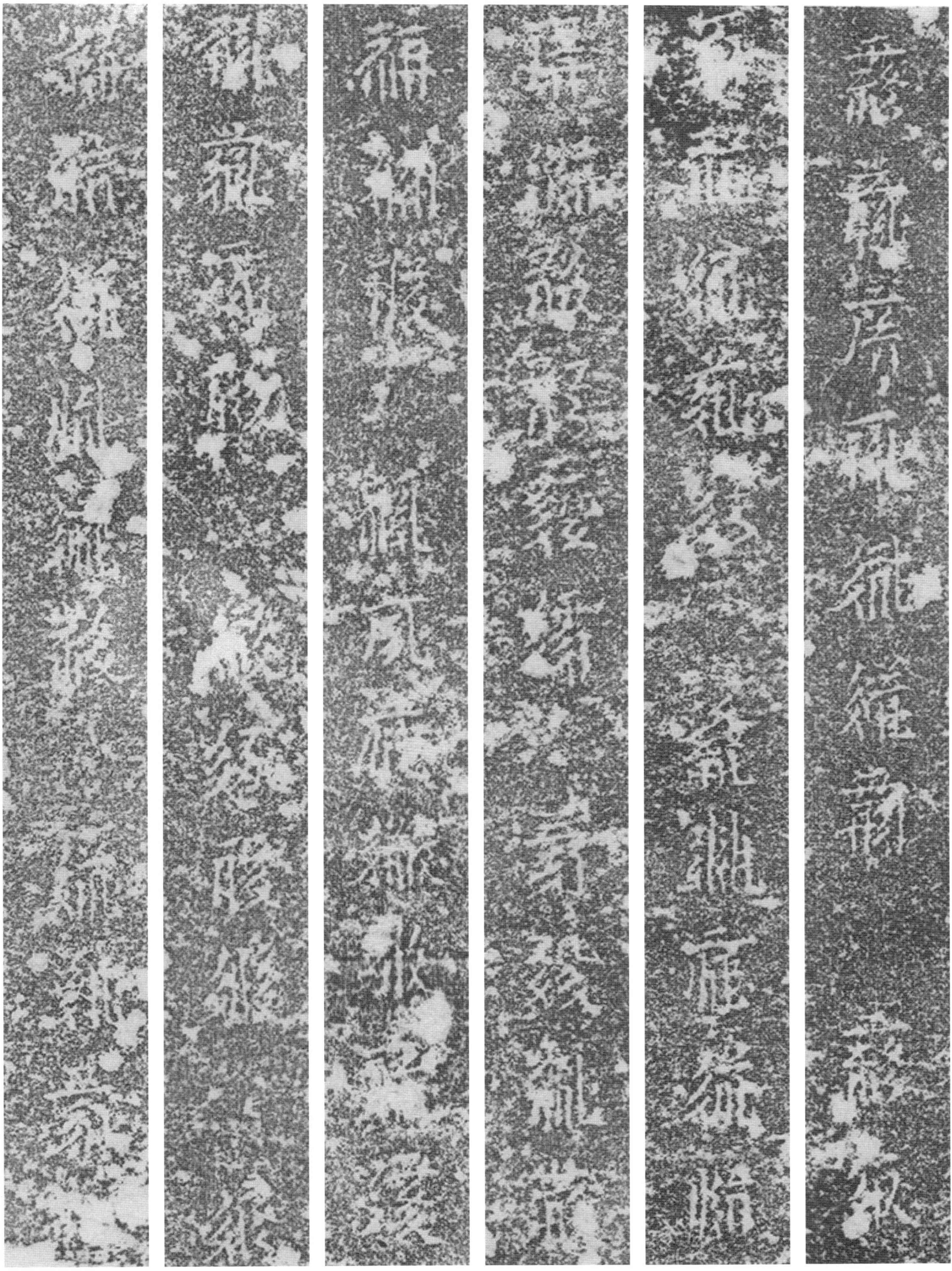

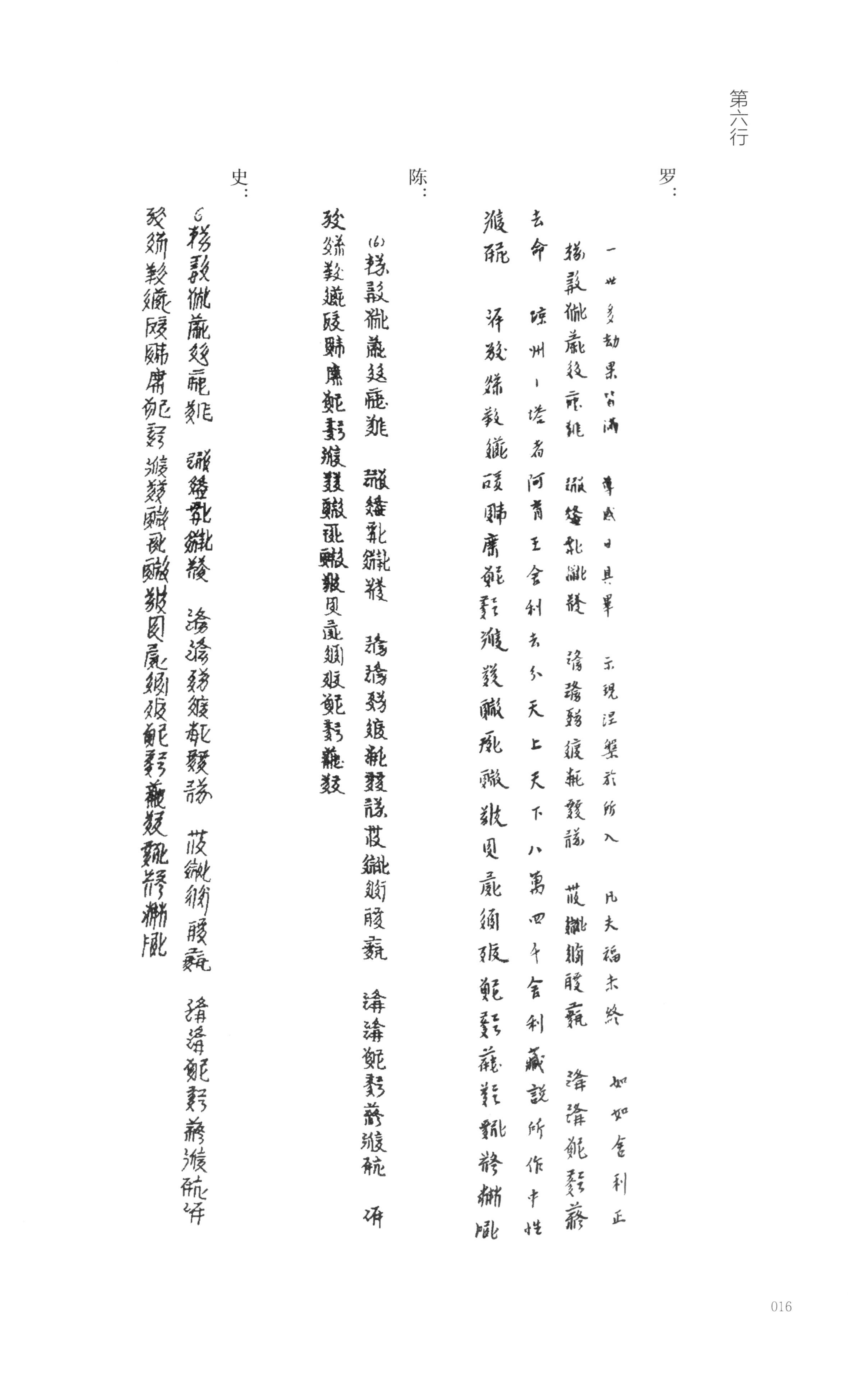

第六行

罗：

[illegible]

一世多劫果皆满　尊盛日具畢　示現涅槃於所入　凡夫福未終　如如舍利正

去命　堙州一塔者阿育王舍利去分天上天下八萬四千舍利藏說所作中性

[illegible]

陈：

[illegible]

史：

[illegible]

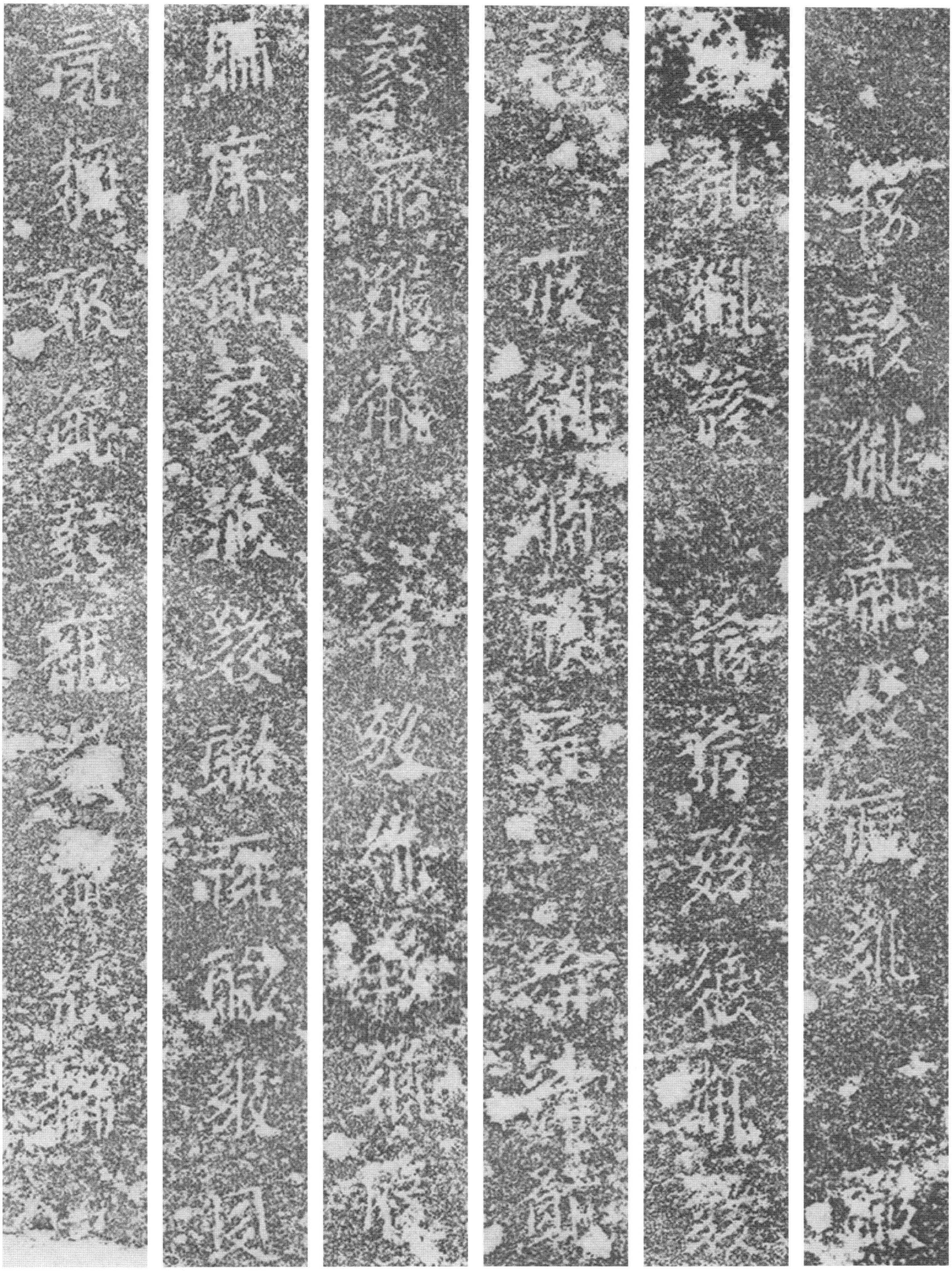

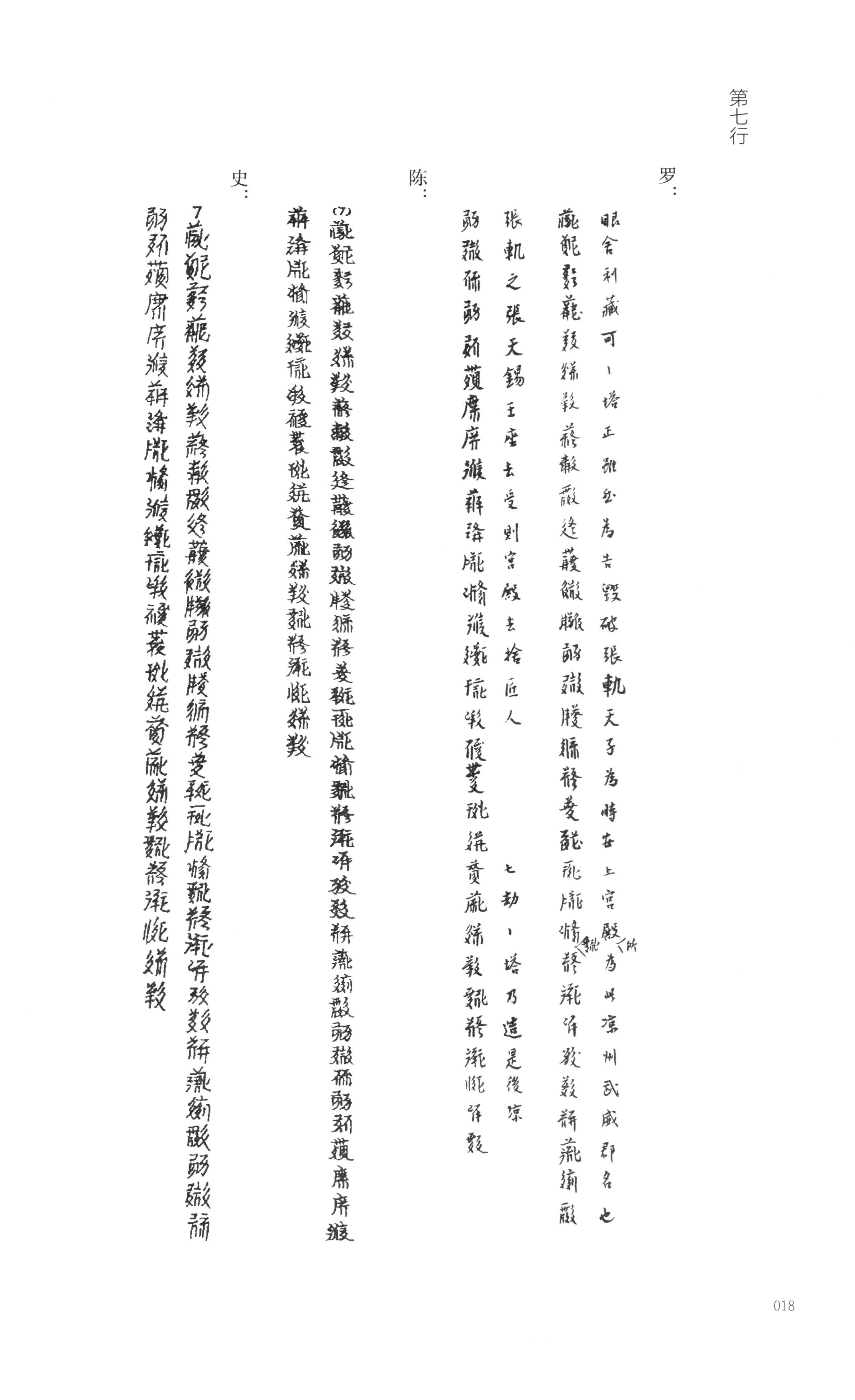

第七行

罗：

眼舍利藏可丶塔正雖出為吉毀破張軌天子為時在上宮殿（所）為此凉州武威郡名也

[illegible]

張軌之張天錫王塵去受則宮殿去捨匠人七劫丶塔乃造是後凉

[illegible]

陈：

(7) [illegible]

[illegible]

史：

7 [illegible]

[illegible]

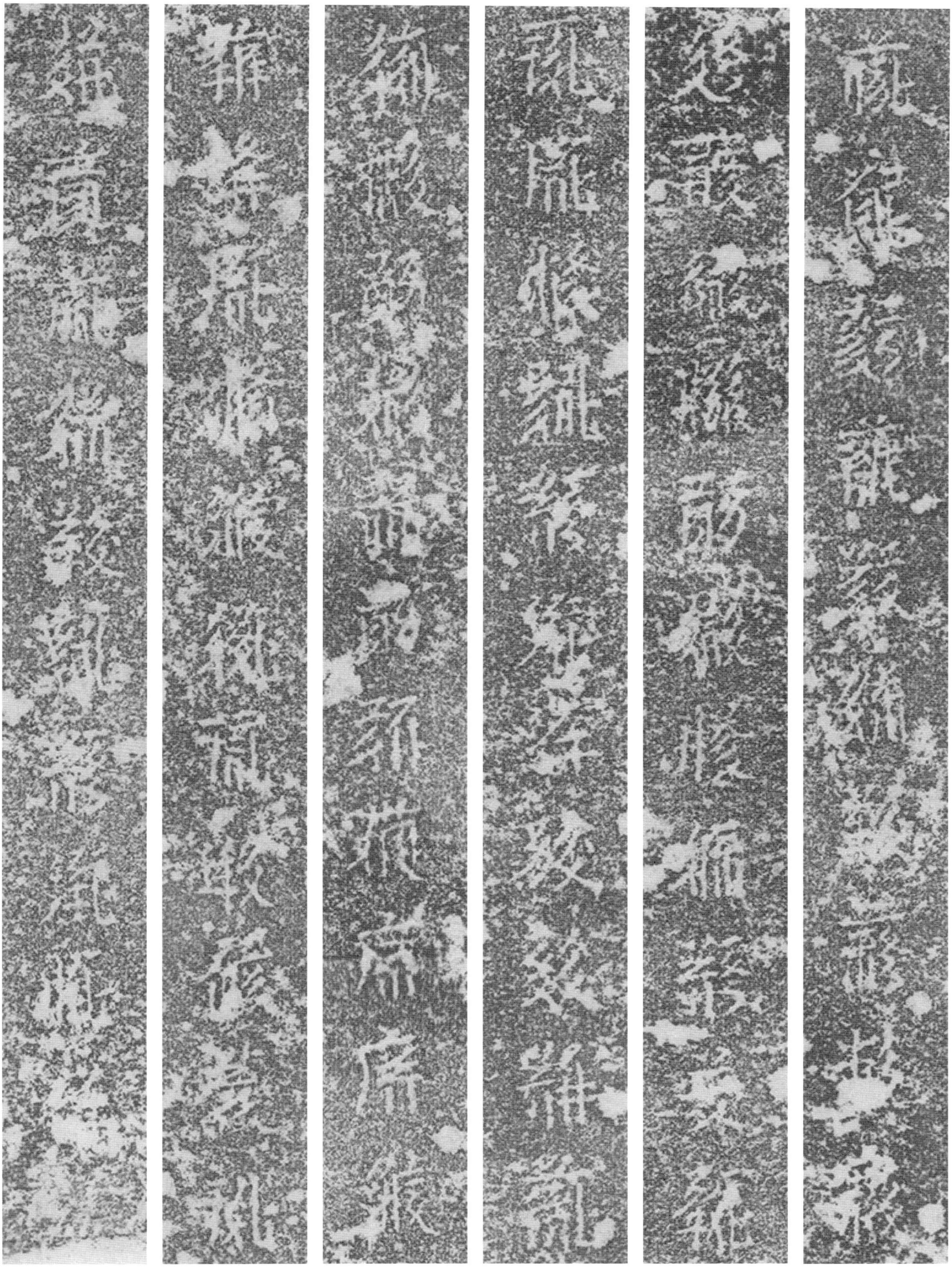

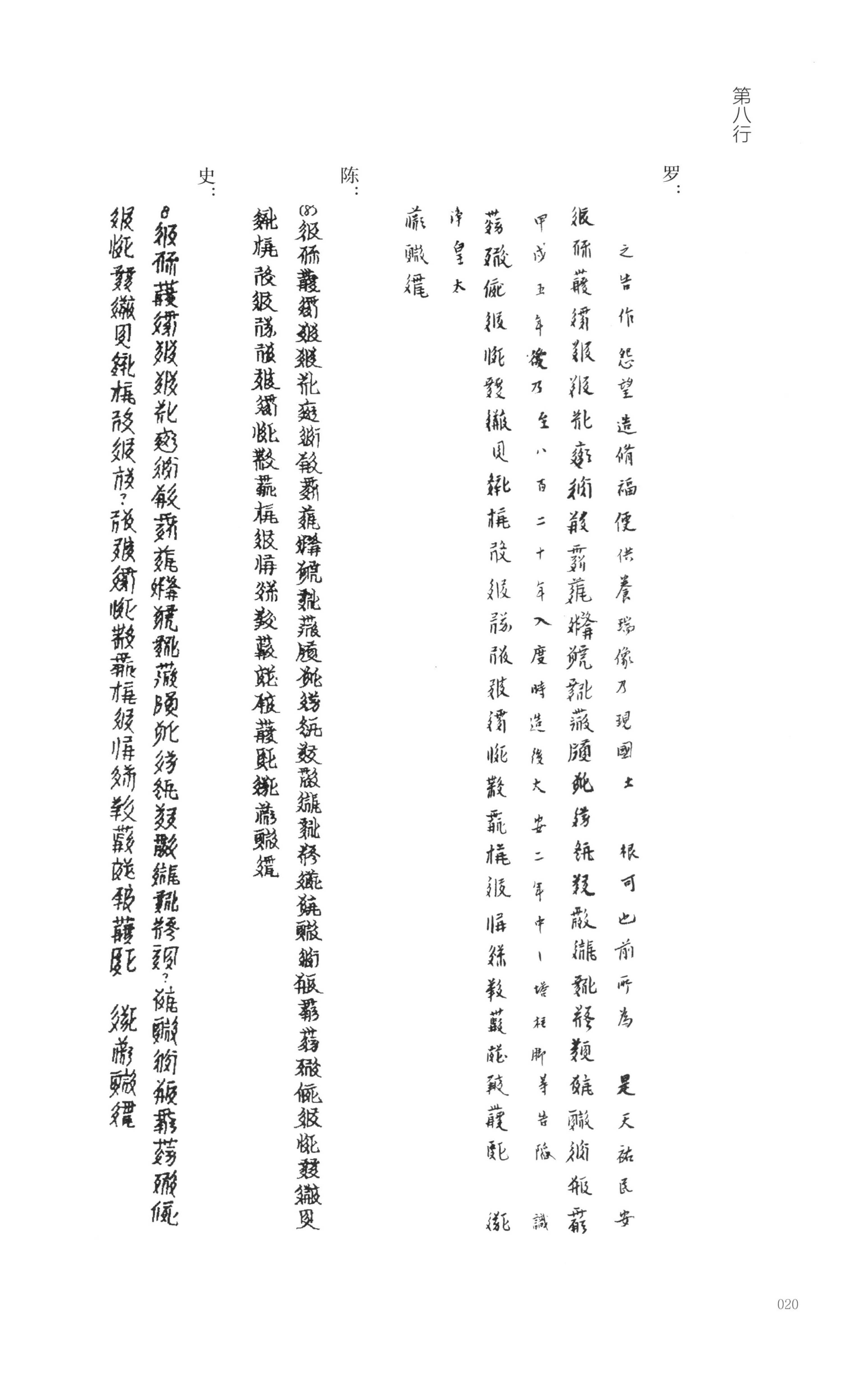

第八行

罗：

[illegible]

之告作怨望造脩福便供養瑞像乃現國土 根可也前所爲 是天祐民安

甲戌五年發乃至八百二十年入度時造後大安二年中丨塔柱脚等告陰 識

[illegible]

淨皇太

[illegible]

陈：

(8) [illegible]

[illegible]

史：

8 [illegible]

[illegible]

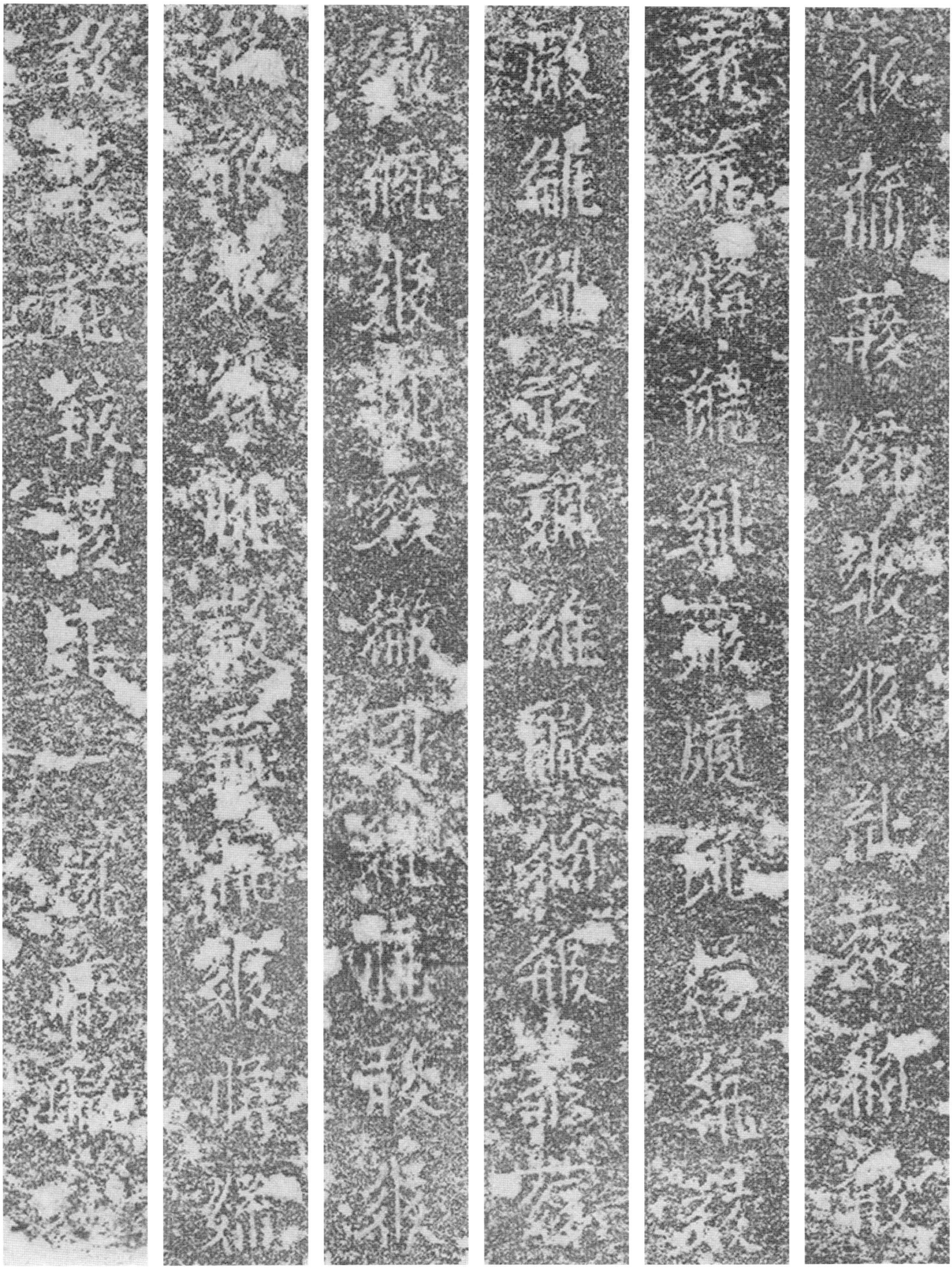

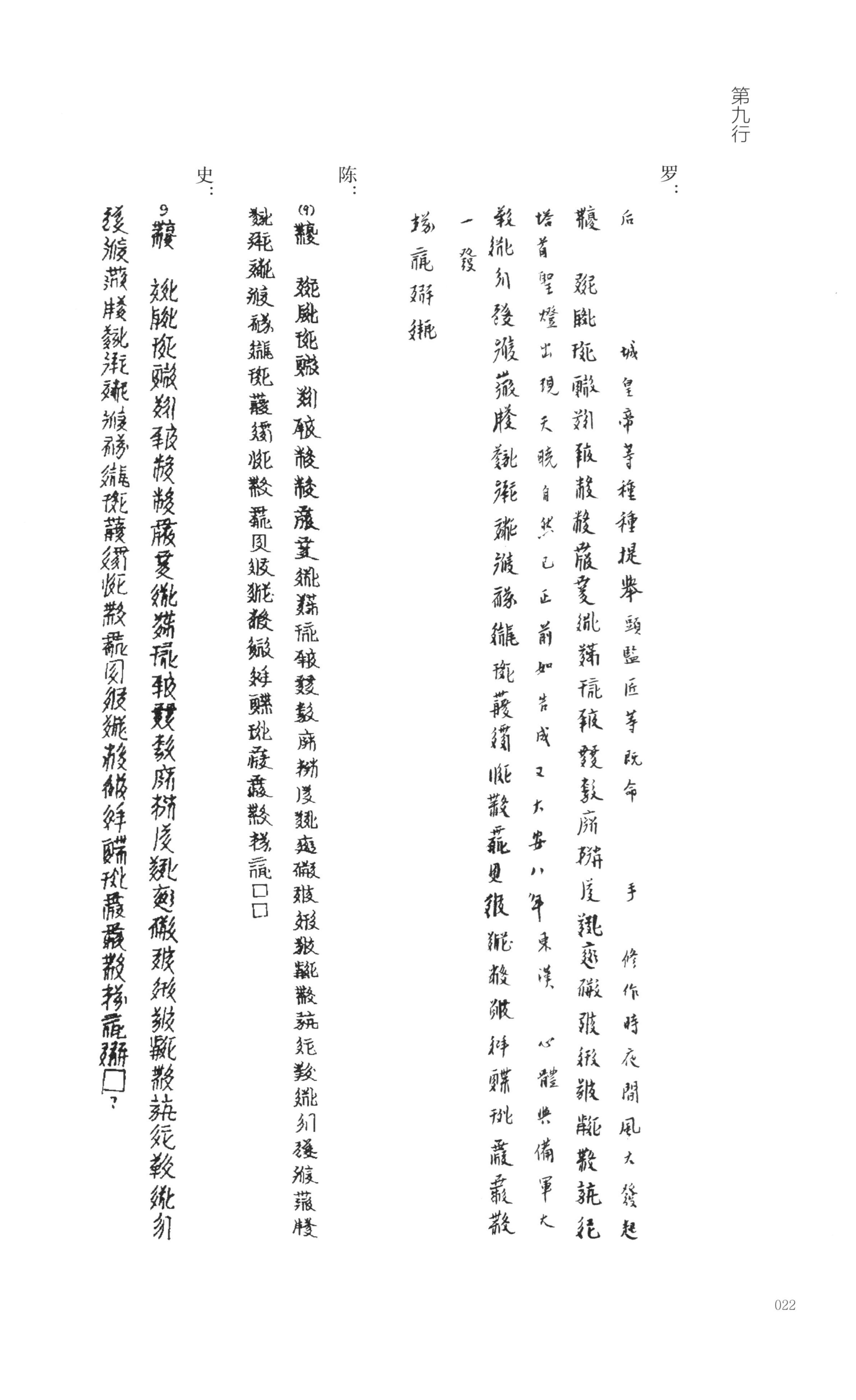

第九行

罗：

后 城皇帝等種種提舉頭監匠等既命 手 修作時夜間風大發起

[illegible]

塔首聖燈出現天曉自然已正前如告成又大安八年東漢 心體興備軍大

[illegible]

一發

[illegible]

陈：

(9) [illegible]

史：

9 [illegible]

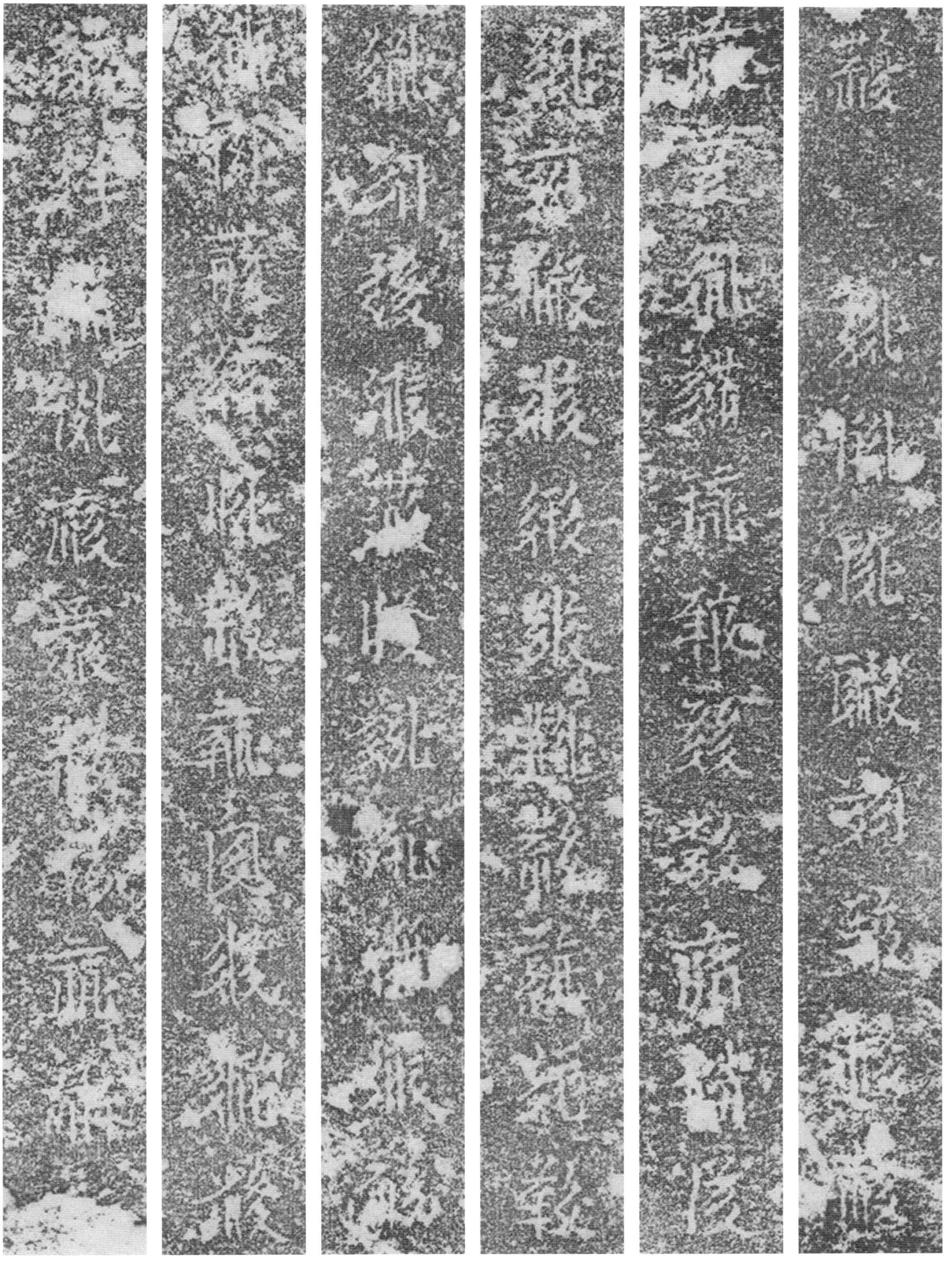

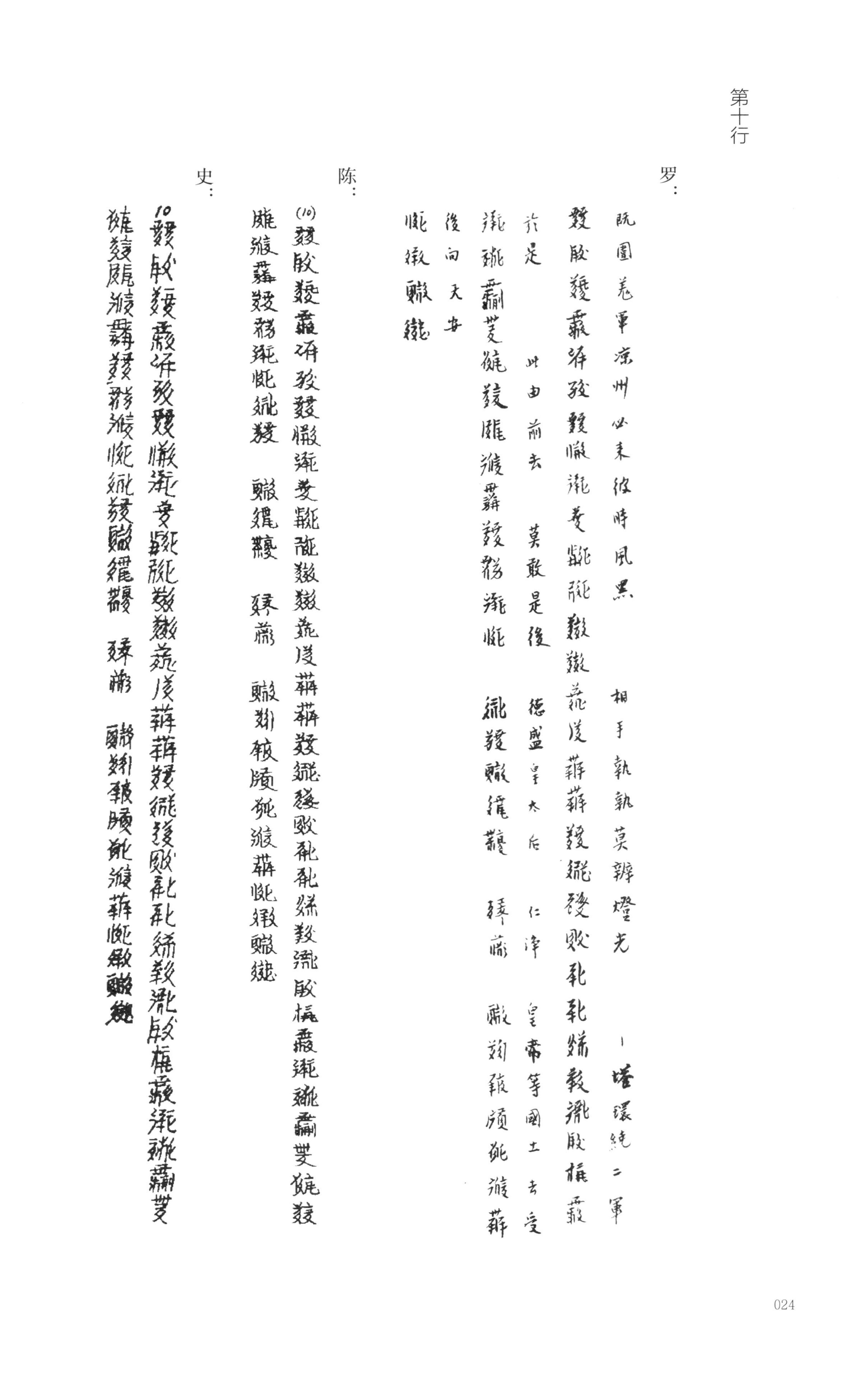

罗：

[illegible]

既圍羌軍涼州必來彼時風黑　相手執執莫辨燈光　丨墻環繞二軍

於是　此由前去　莫敢是後　德盛皇太后　仁淨　皇帝等國土去受

[illegible]

後向天安

[illegible]

陈：

(10) [illegible]

史：

10 [illegible]

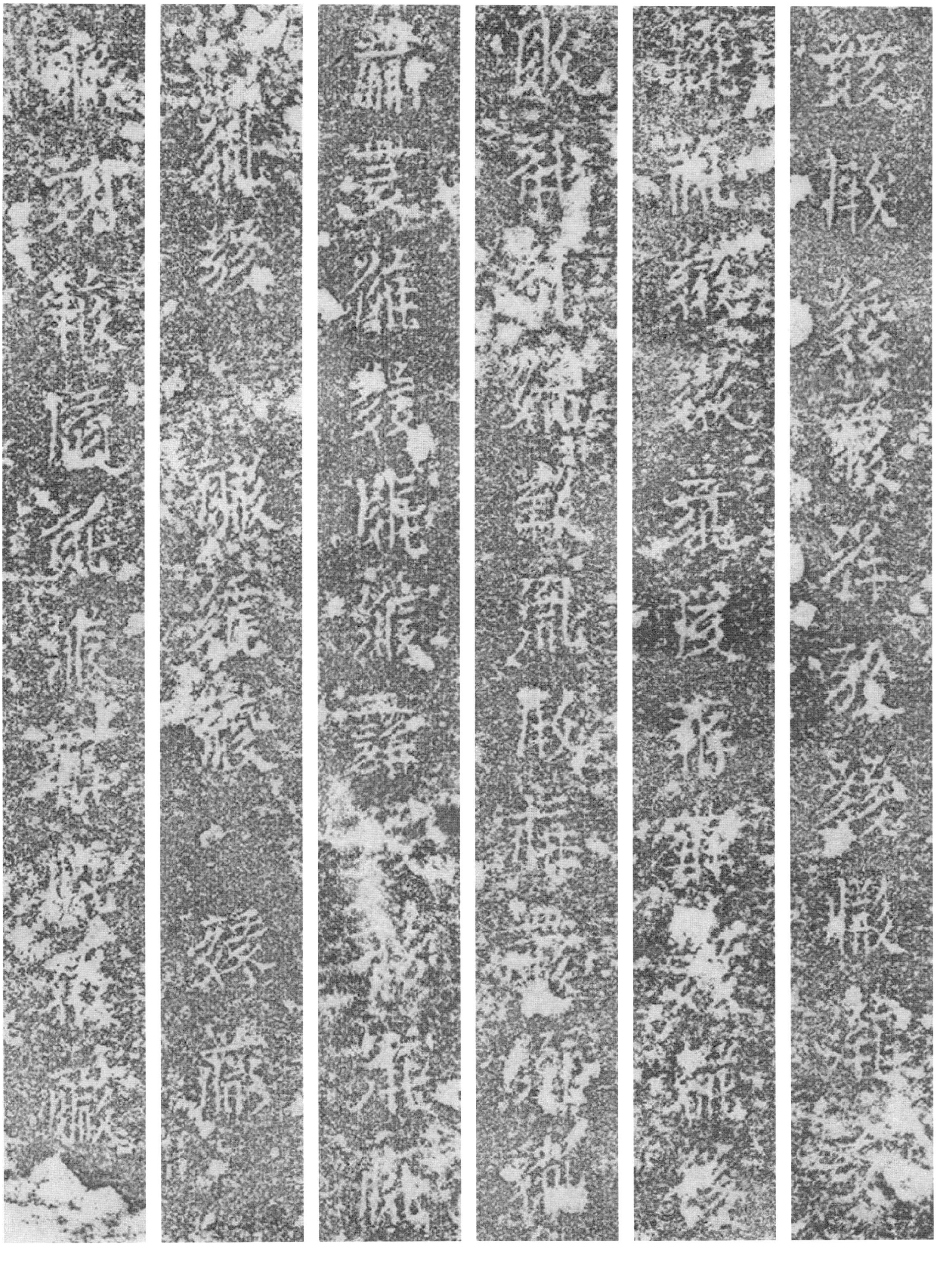

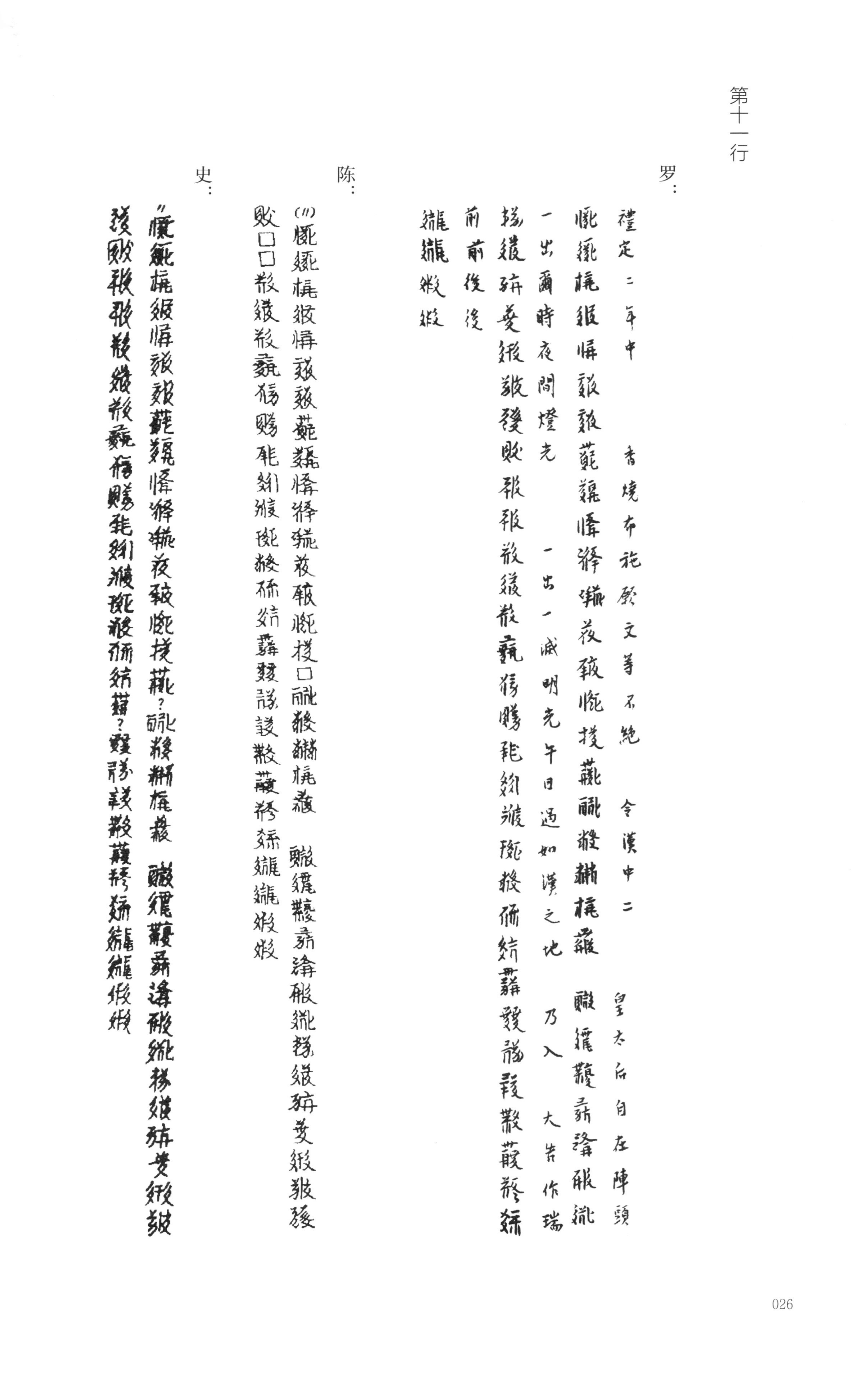

罗：

禮定二年中　香燒布施歐文等不絶　令漢中二　皇太后自在陣頭

[illegible]

一出爾時夜間燈光　一出一滅明光午日過如漢之地　乃入　大告作瑞

[illegible]

前前後後

[illegible]

陈：

(॥)[illegible]□[illegible]

[illegible]□□[illegible]

史：

"[illegible]

[illegible]

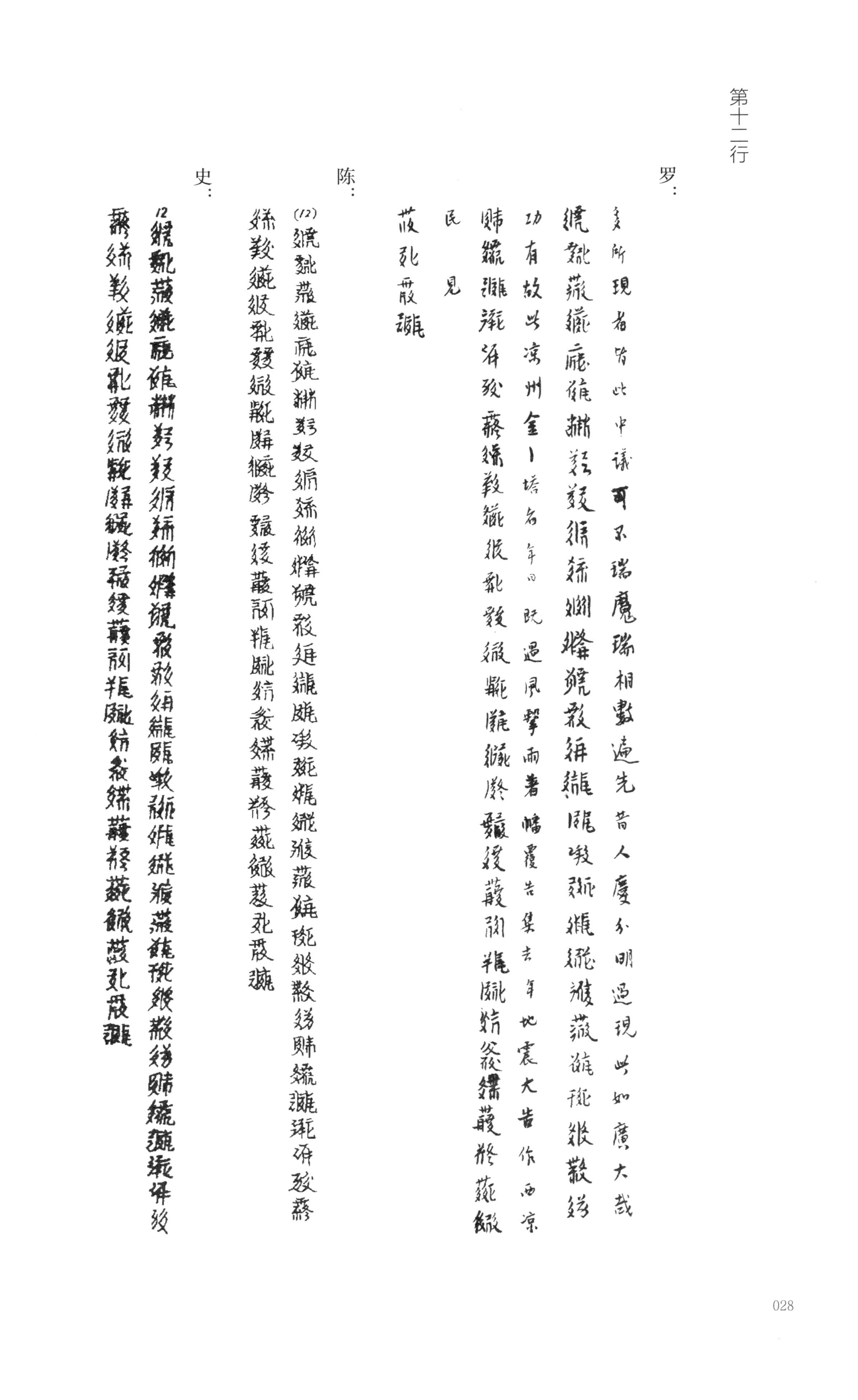

罗：

多所現者皆此中議可不瑞應瑞相數遍先昔人慶分明過現此如廣大哉

[illegible]

功有故此涼州金|塔名年日既遇風擊雨著幡覆告集去年地震大告作西涼

[illegible]

民見

[illegible]

陈：

(12) [illegible]

[illegible]

史：

12 [illegible]

[illegible]

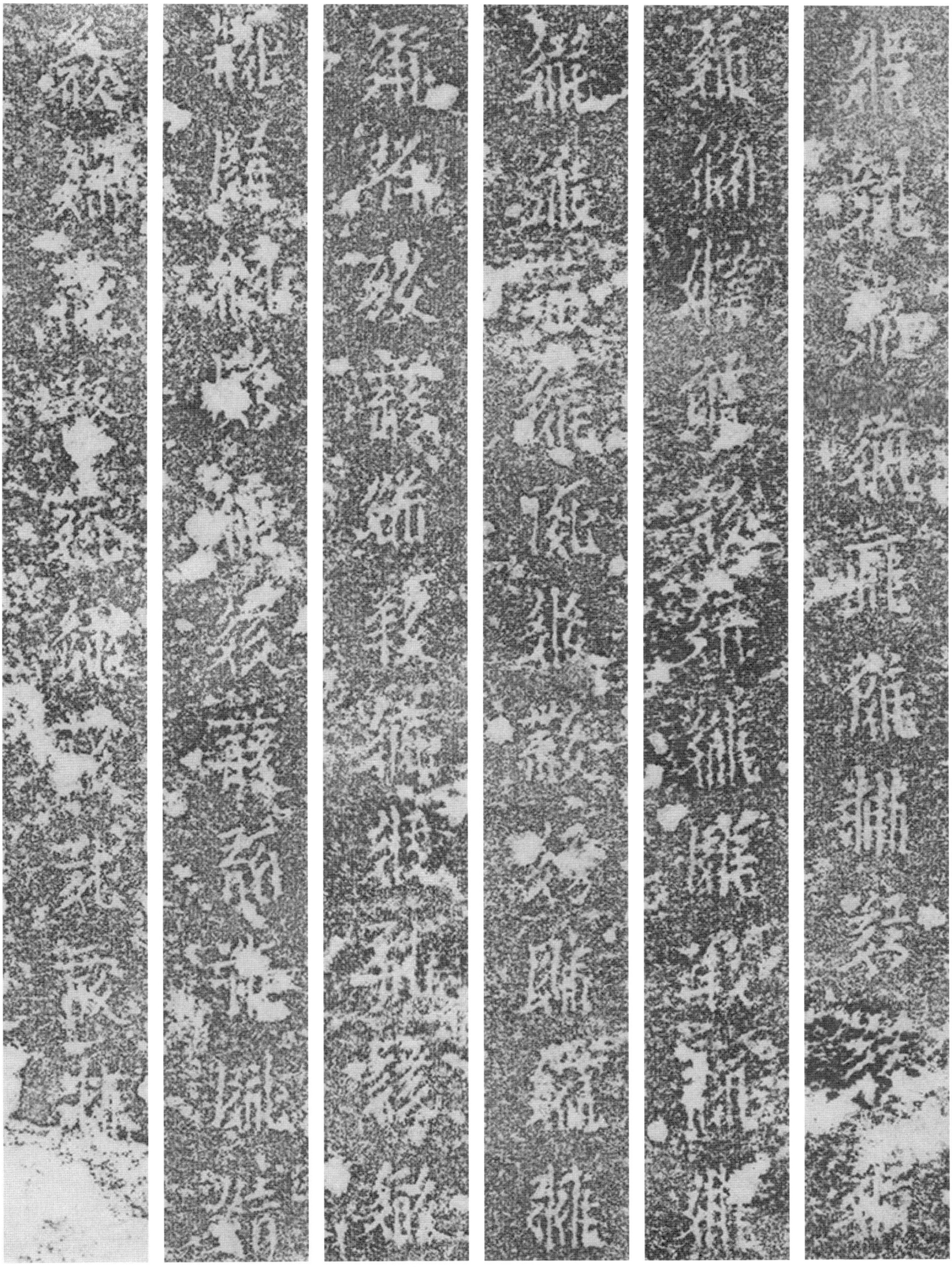

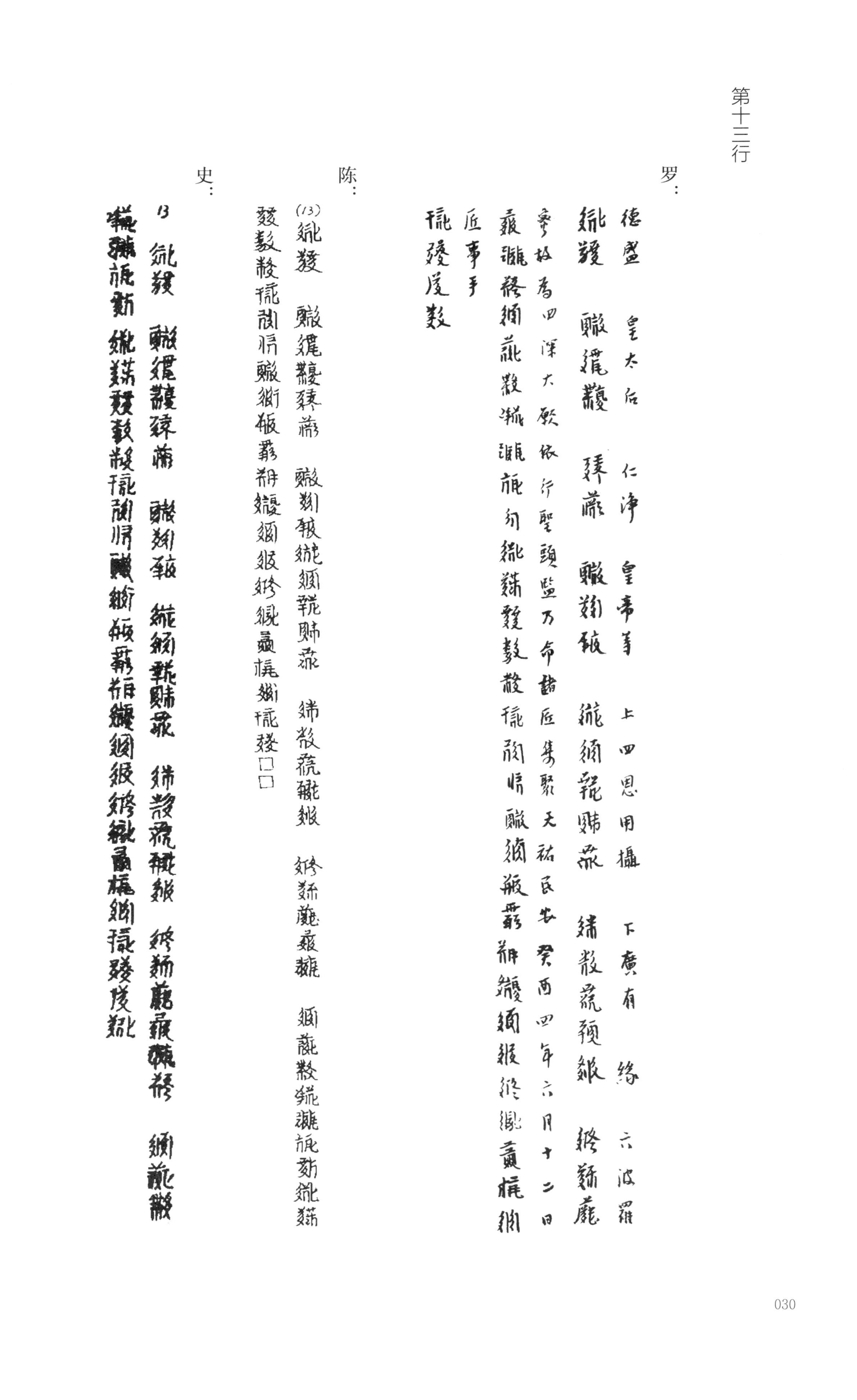

第十三行

罗：

[illegible]

德盛 皇太后 仁淨 皇帝等 上四恩用攝 下廣有緣 六波羅

[illegible]

蜜故為四深大願依行聖頭監乃命諸匠集聚天祐民安癸酉四年六月十二日

匠事手

[illegible]

陈：

(13) [illegible]□□

史：

13 [illegible]

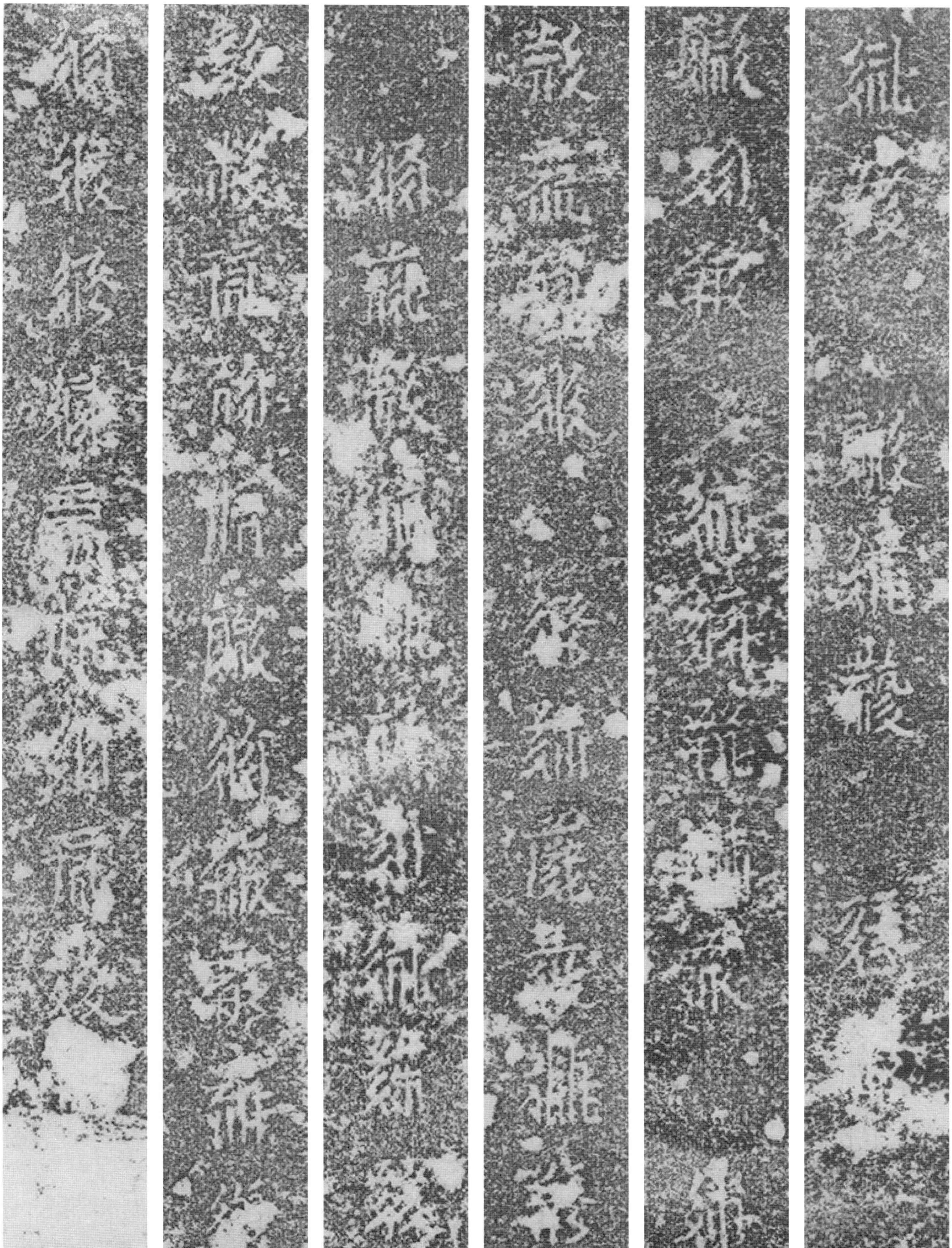

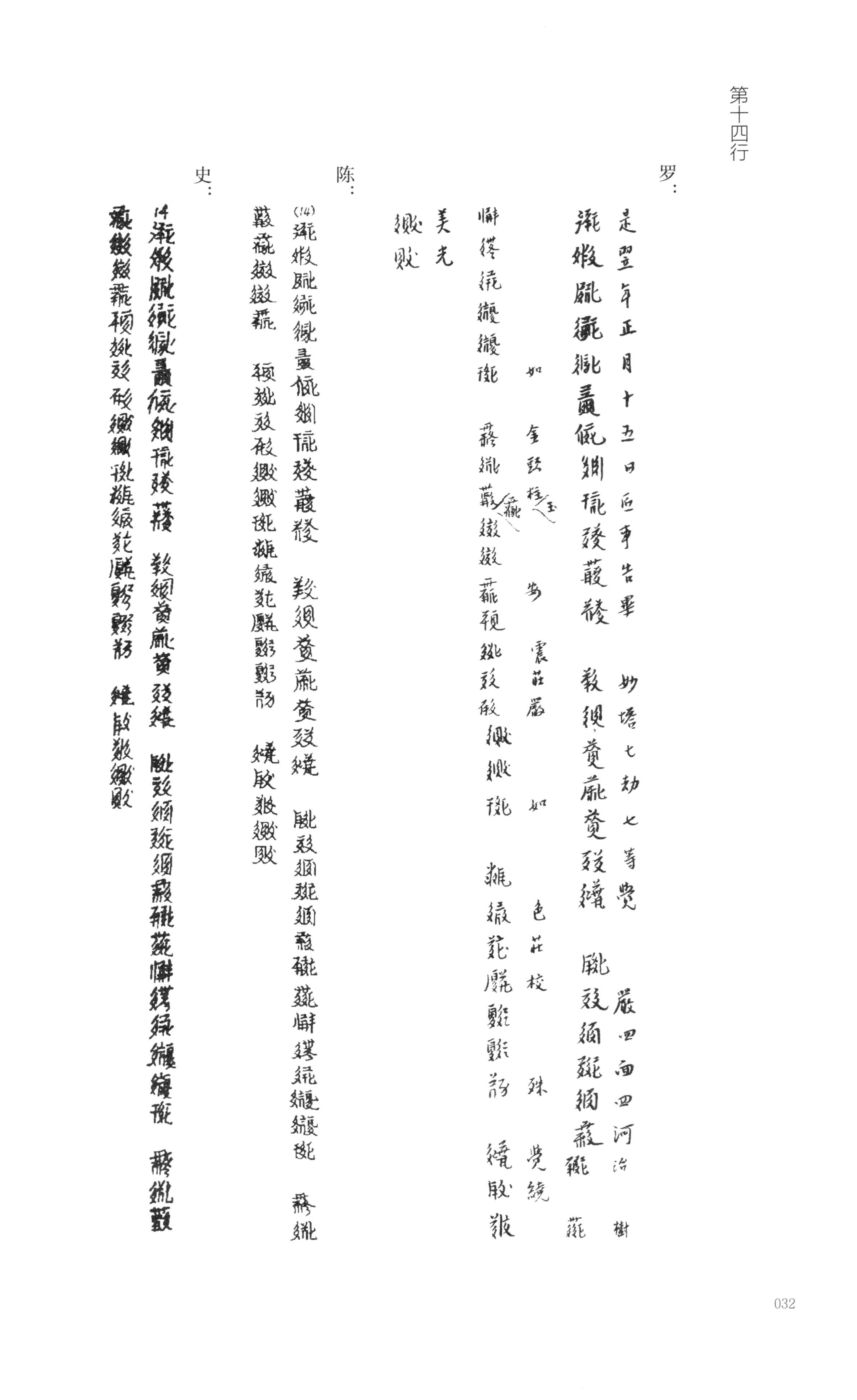

第十四行

罗：

是曌年正月十五日臣审告毕 妙塔七劫七等觉 严四面四河治树

[illegible]

如 金頭桂（玉） 安 震莊嚴 如 色莊校 殊 觉繞

[illegible]

美光

[illegible]

陈：

(14) [illegible]

[illegible]

史：

14 [illegible]

[illegible]

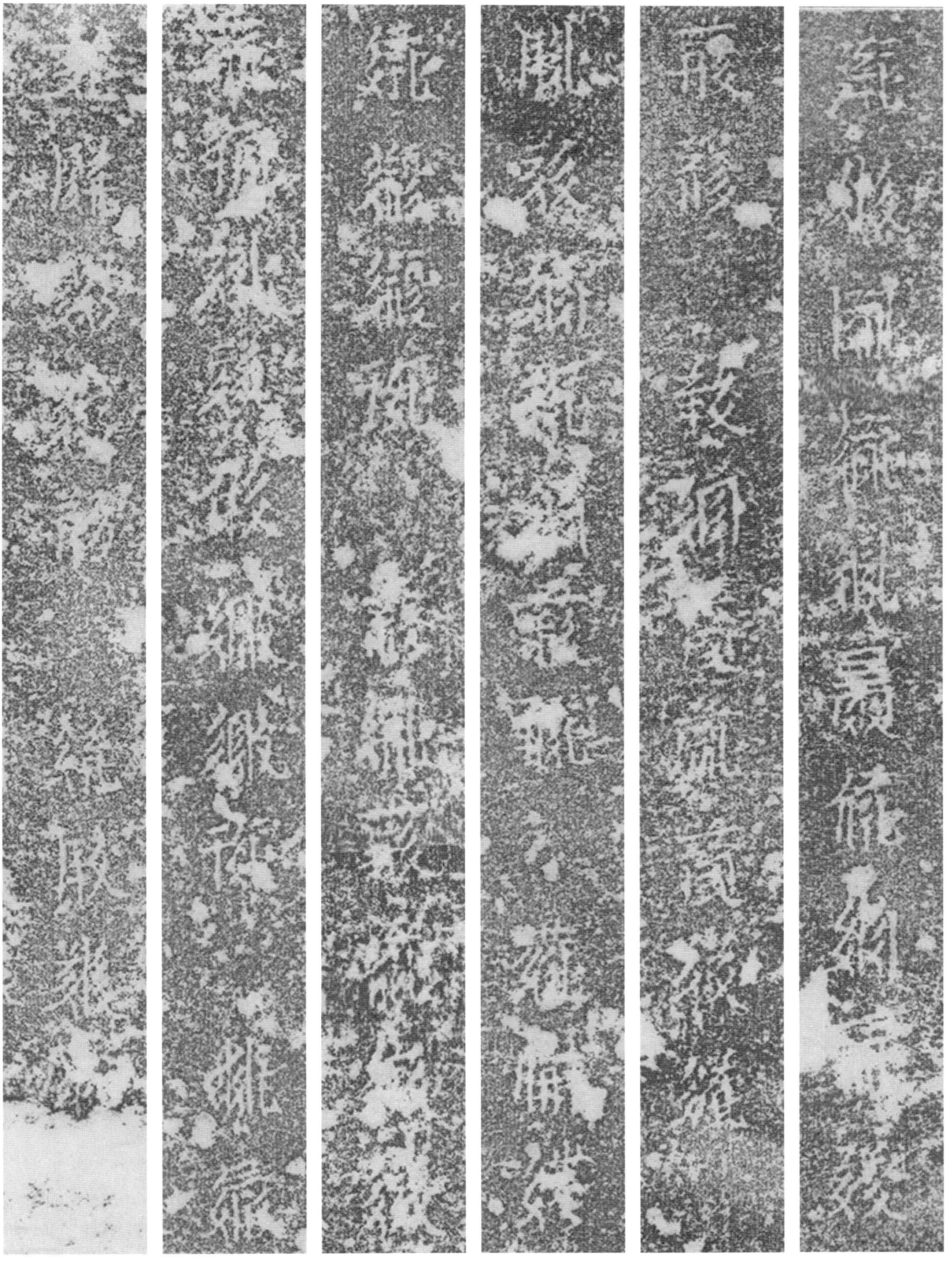

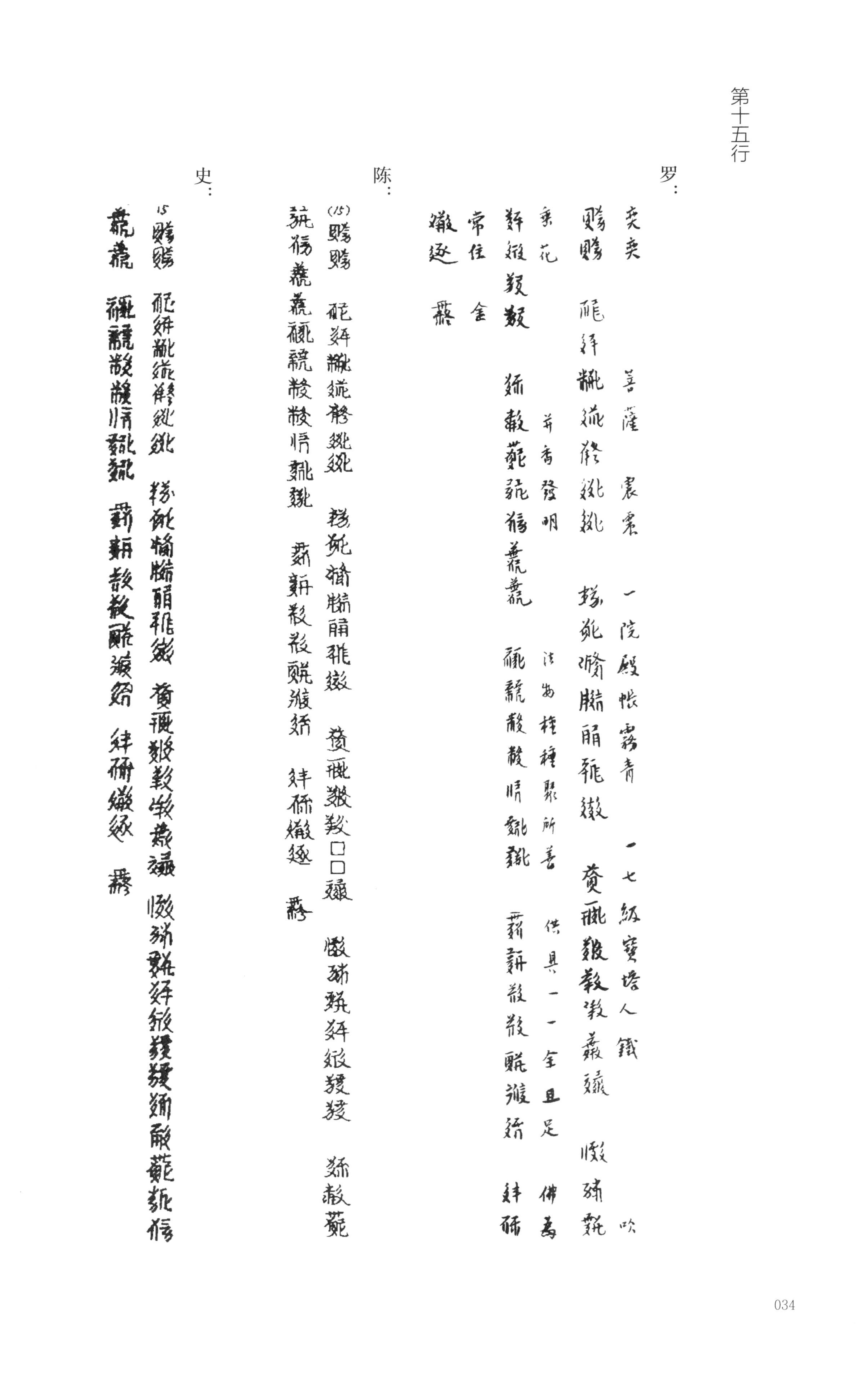

罗：

奕奕 菩薩 衆衆 一院殿帳霧青 一七級寶塔人鐵 吹

[illegible]

乗花 并香發明 法物種種聚所善 供具一一全且足 佛爲

[illegible]

常住 金

[illegible]

陈：

(15) [illegible] □□ [illegible]

史：

15 [illegible]

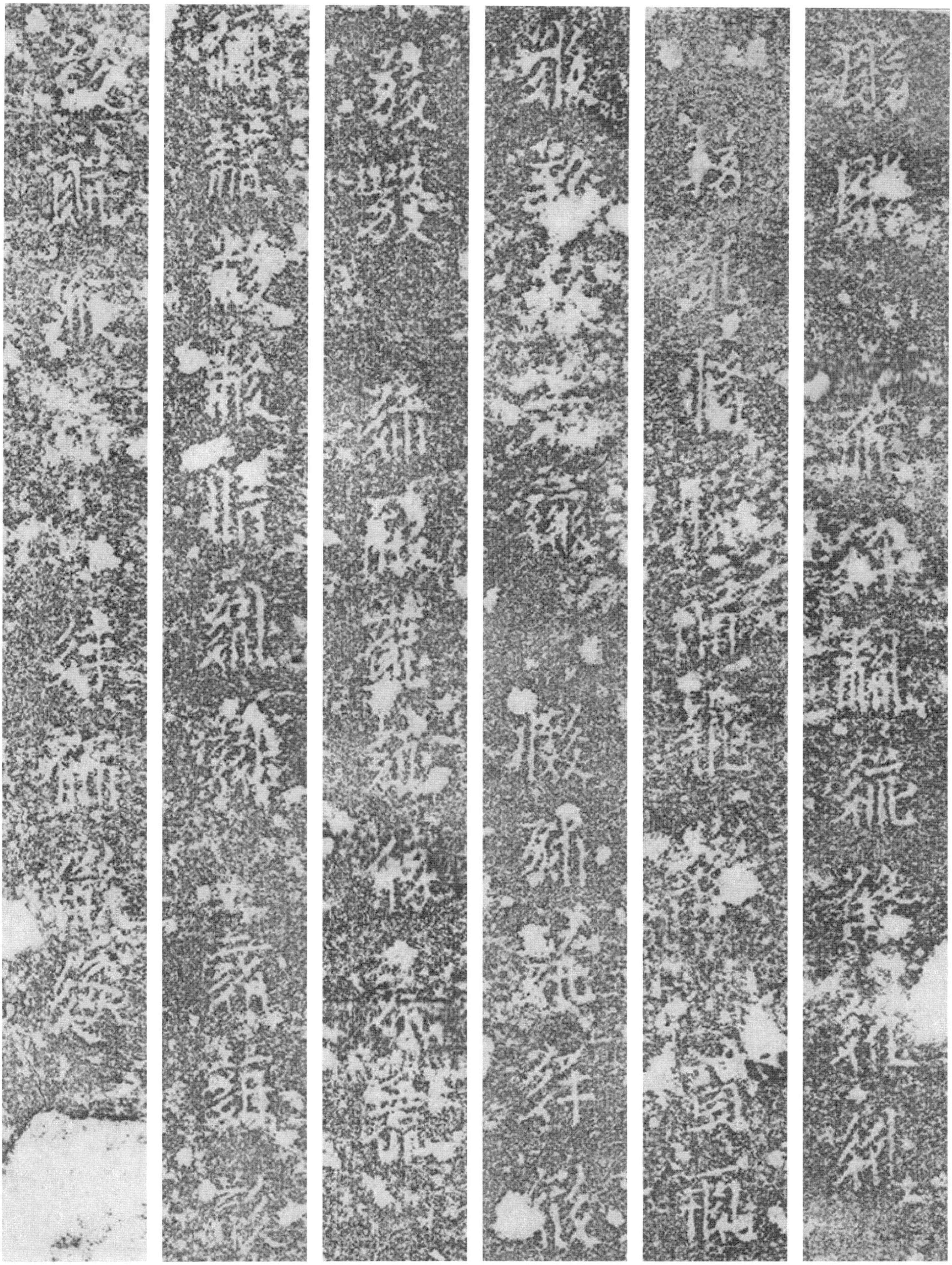

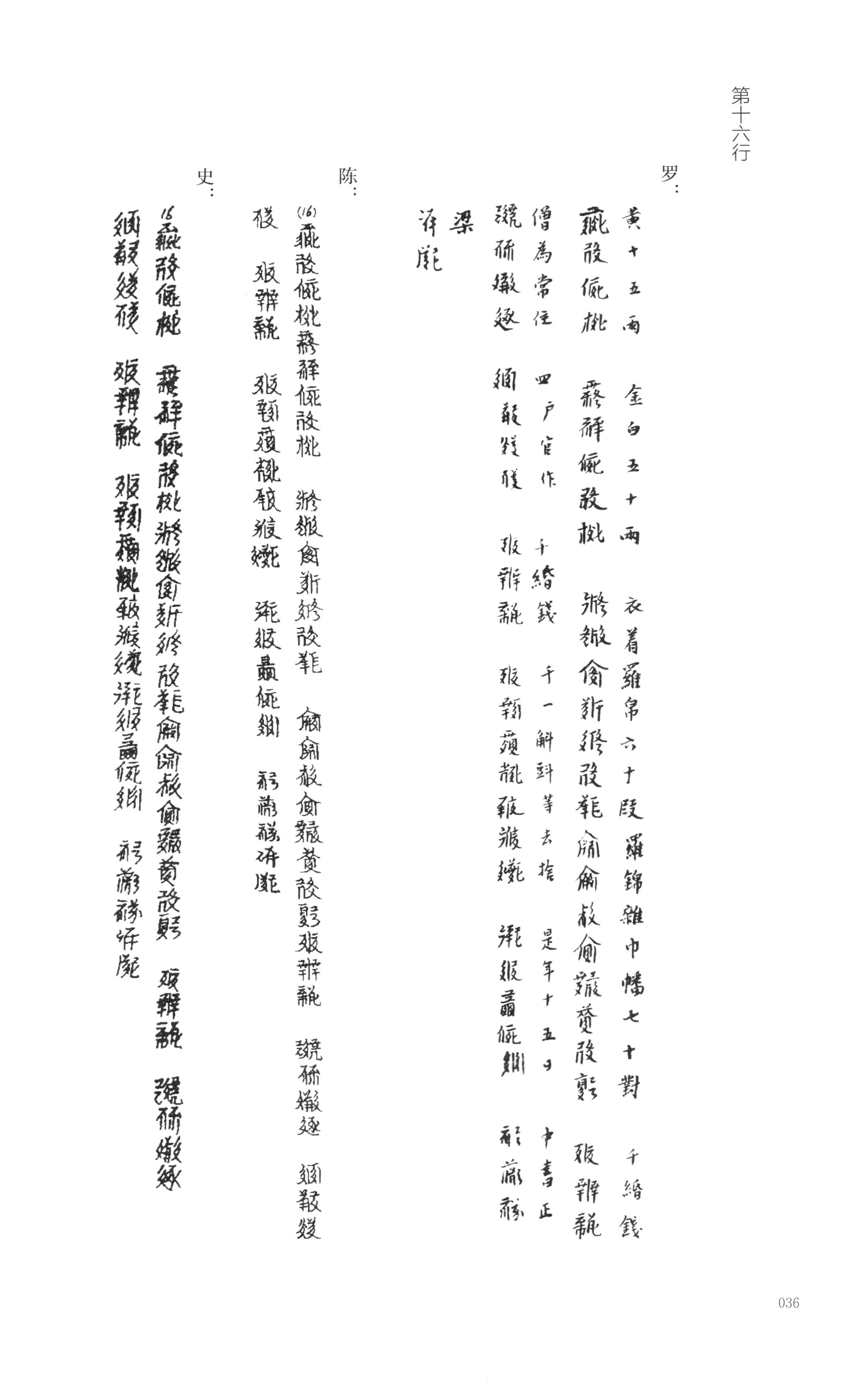

第十六行

罗：

黄十五两　金白五十两　衣着罗帛六十段　罗锦杂巾幡七十对　千缗钱

[illegible]

僧为常住　四户官作　千缗钱　千一斛斗等去指　是年十五日　中书正

[illegible]

梁

[illegible]

陈：

(16) [illegible]

[illegible]

史：

16 [illegible]

[illegible]

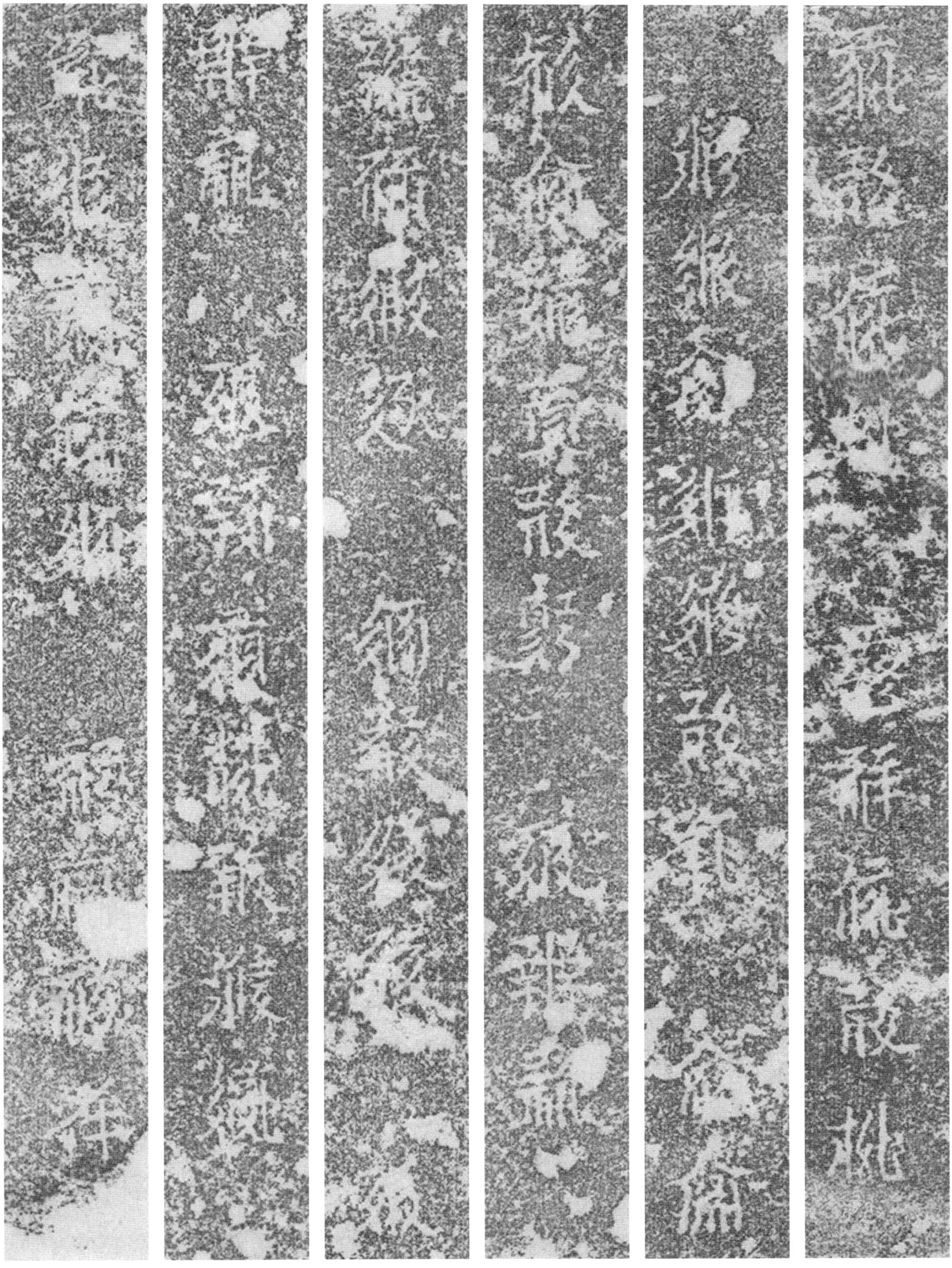

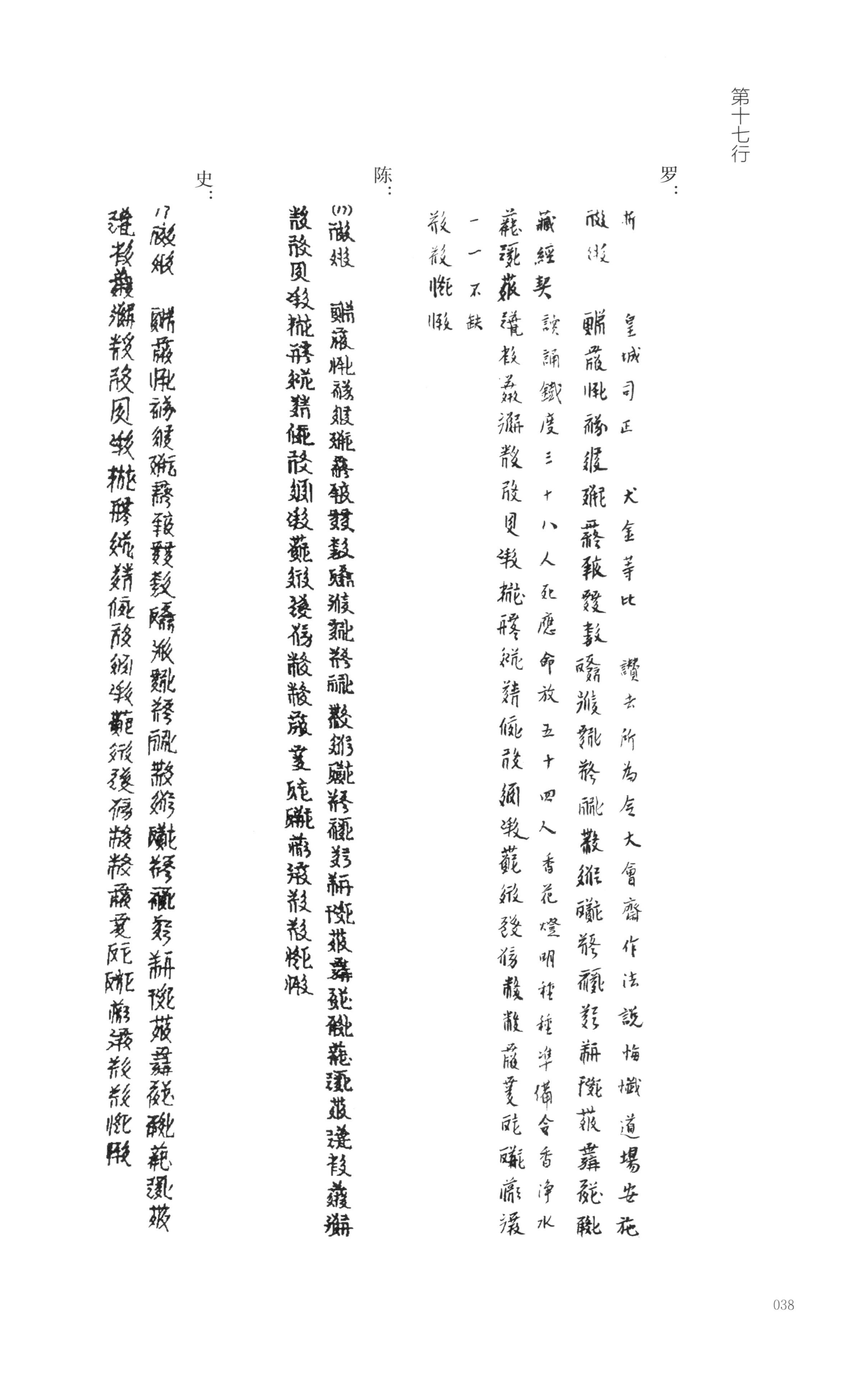

第十七行

罗：

斤 皇城司正 犬金等比 讚去所為令大會齋作法說悔懺道場安施

[illegible]

藏經契 讀誦鐵度三十八人死應命放五十四人香花燈明種種準備令香淨水

[illegible]

一一不缺

[illegible]

陈：

(17) [illegible]

史：

17 [illegible]

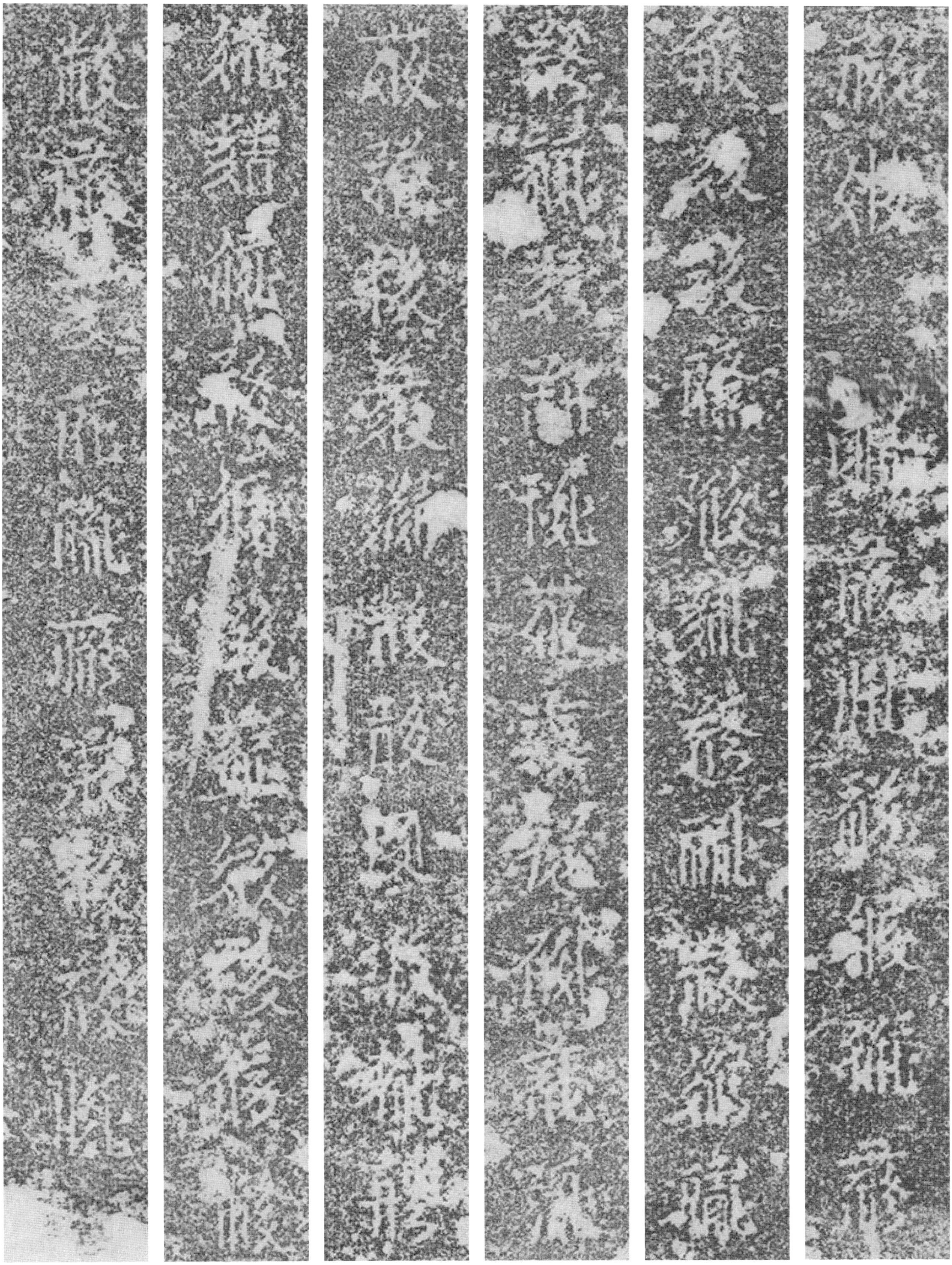

第十八行

罗：

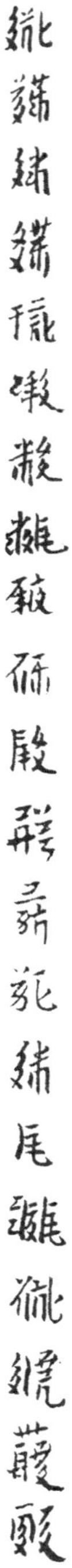

頭監小大匠人種 等之官宣自各下上依多毀告典

陈：

(18)

史：

18

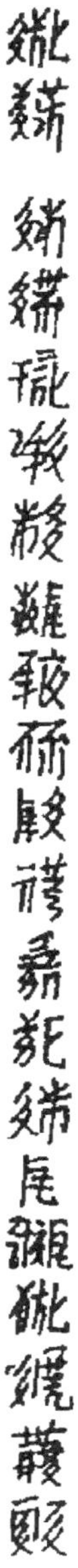

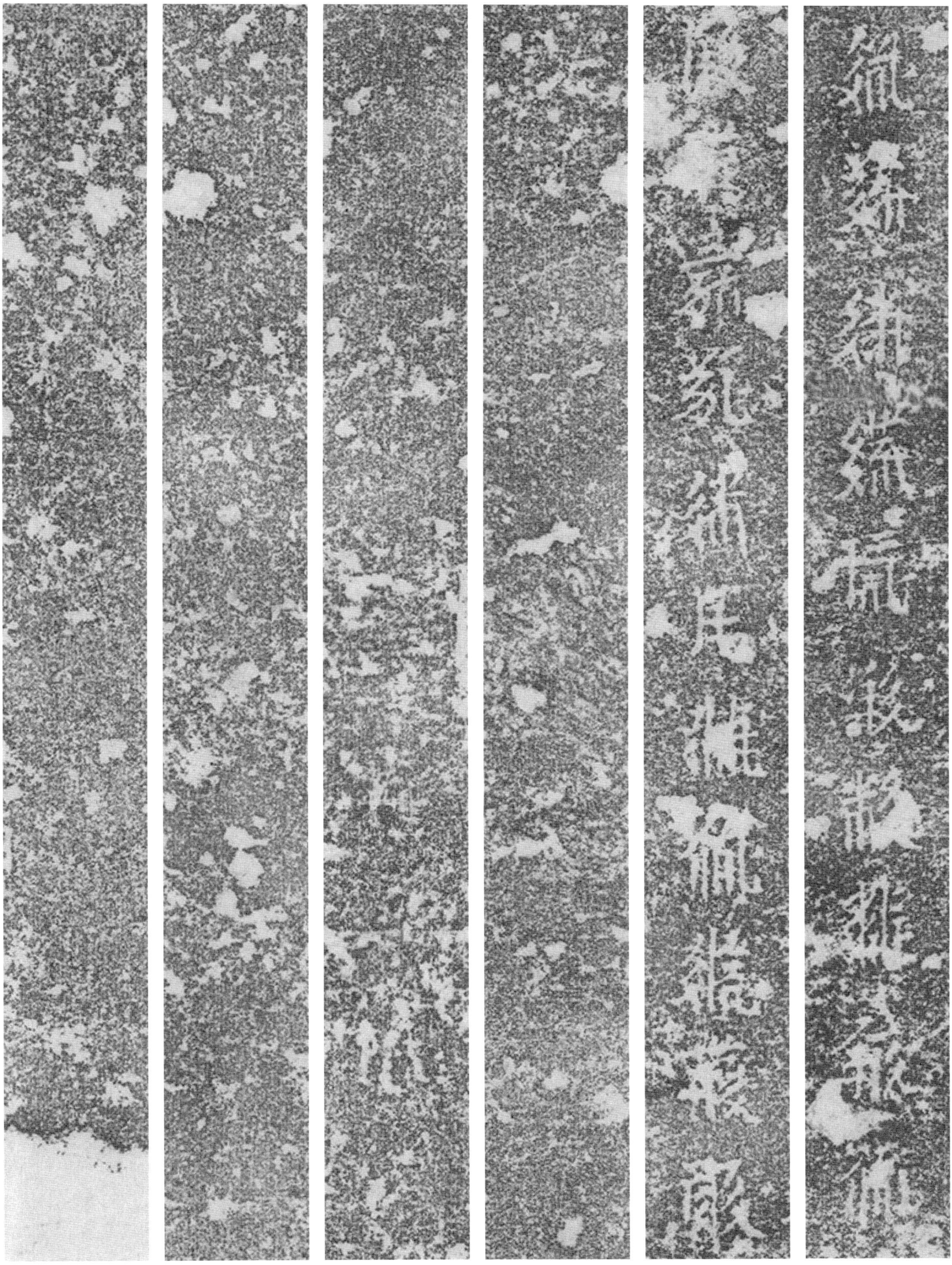

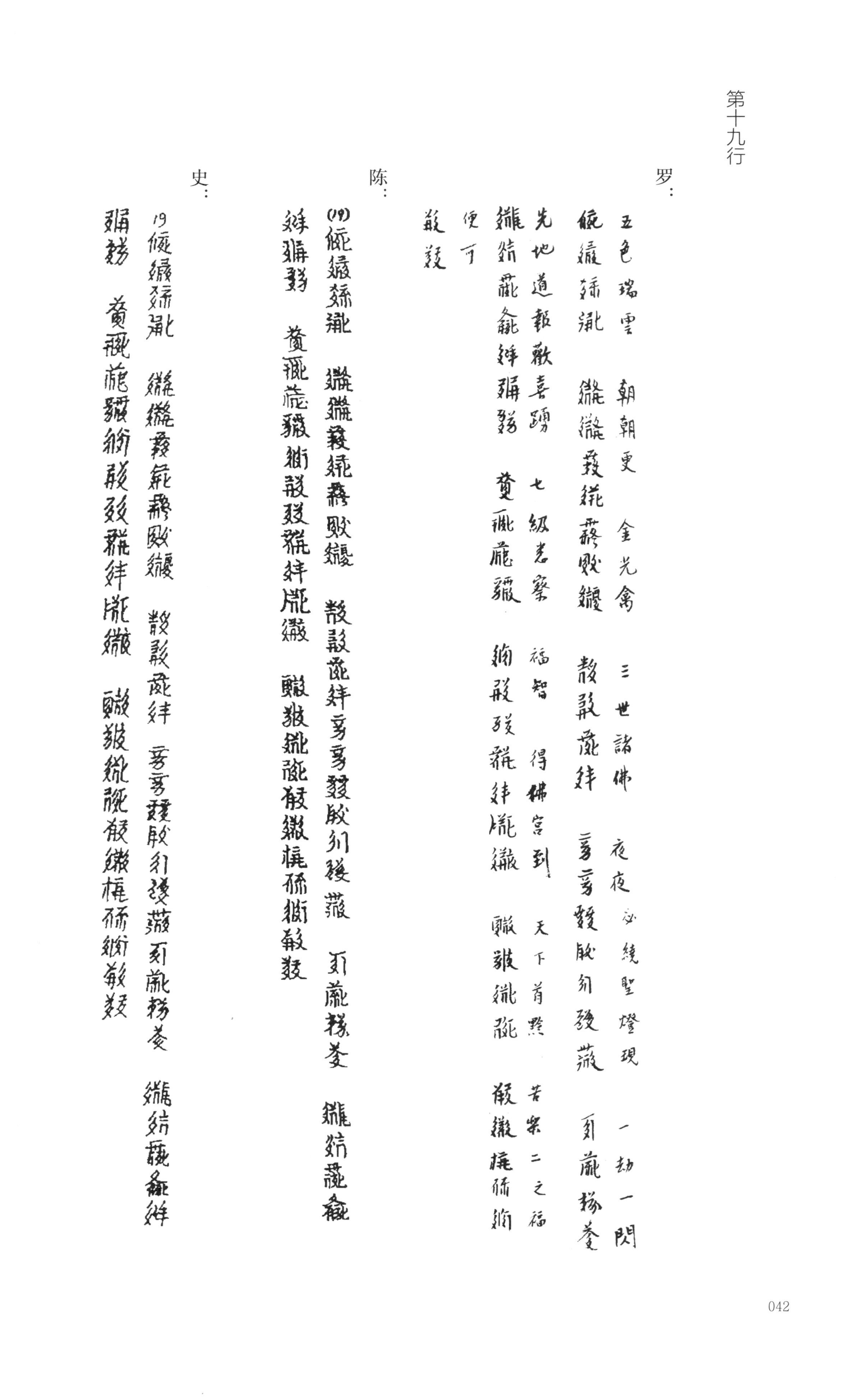

第十九行

罗：

五色瑞雲　朝朝更　金光禽　三世諸佛　夜夜必繞聖燈現　一劫一閃

[illegible]

先地道報歡喜踴　七級老寨　福智　得佛宮到　天下首黔　苦衆二之福

[illegible]

便可

[illegible]

陈：

(19) [illegible]

[illegible]

史：

19 [illegible]

[illegible]

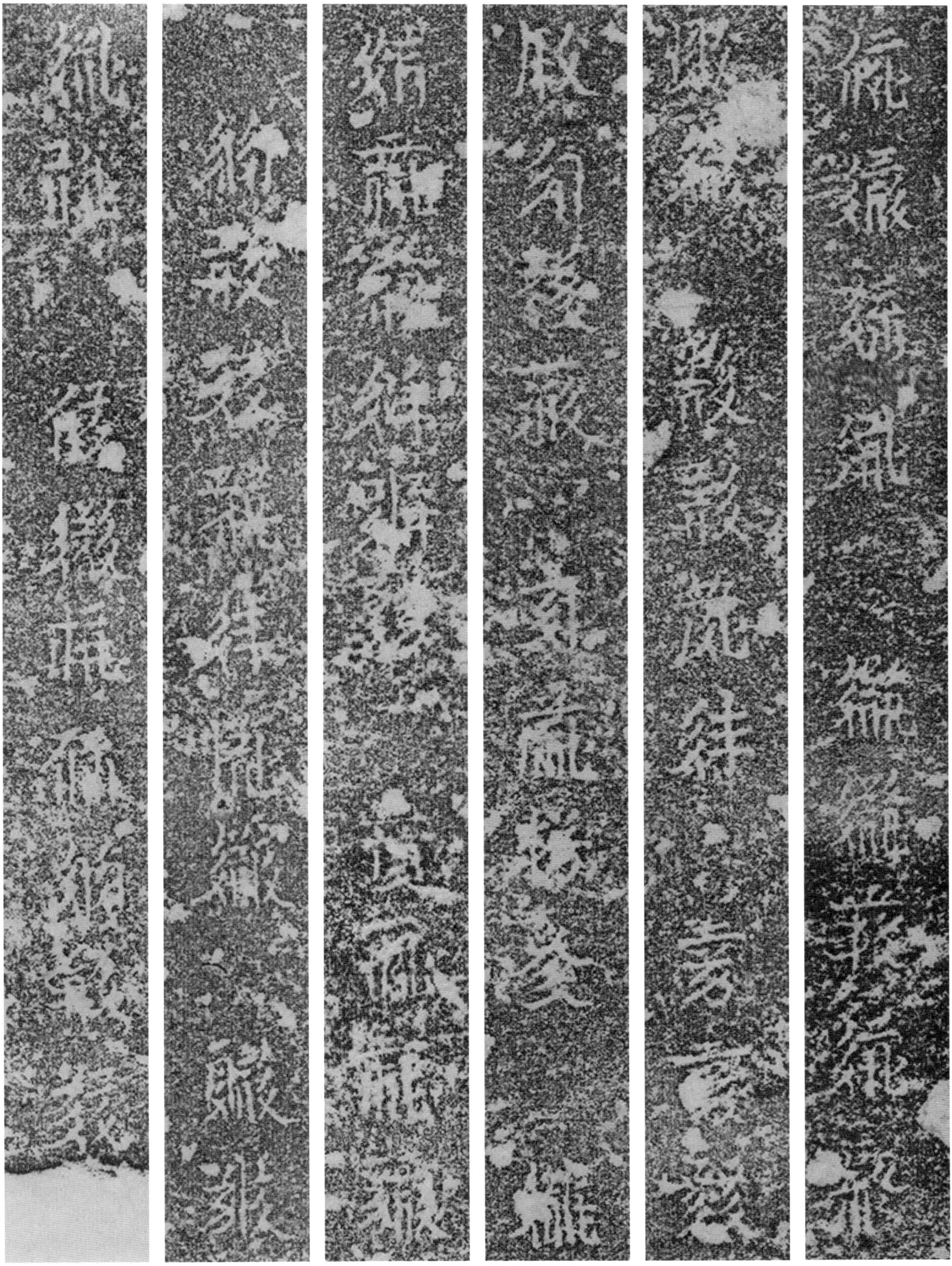

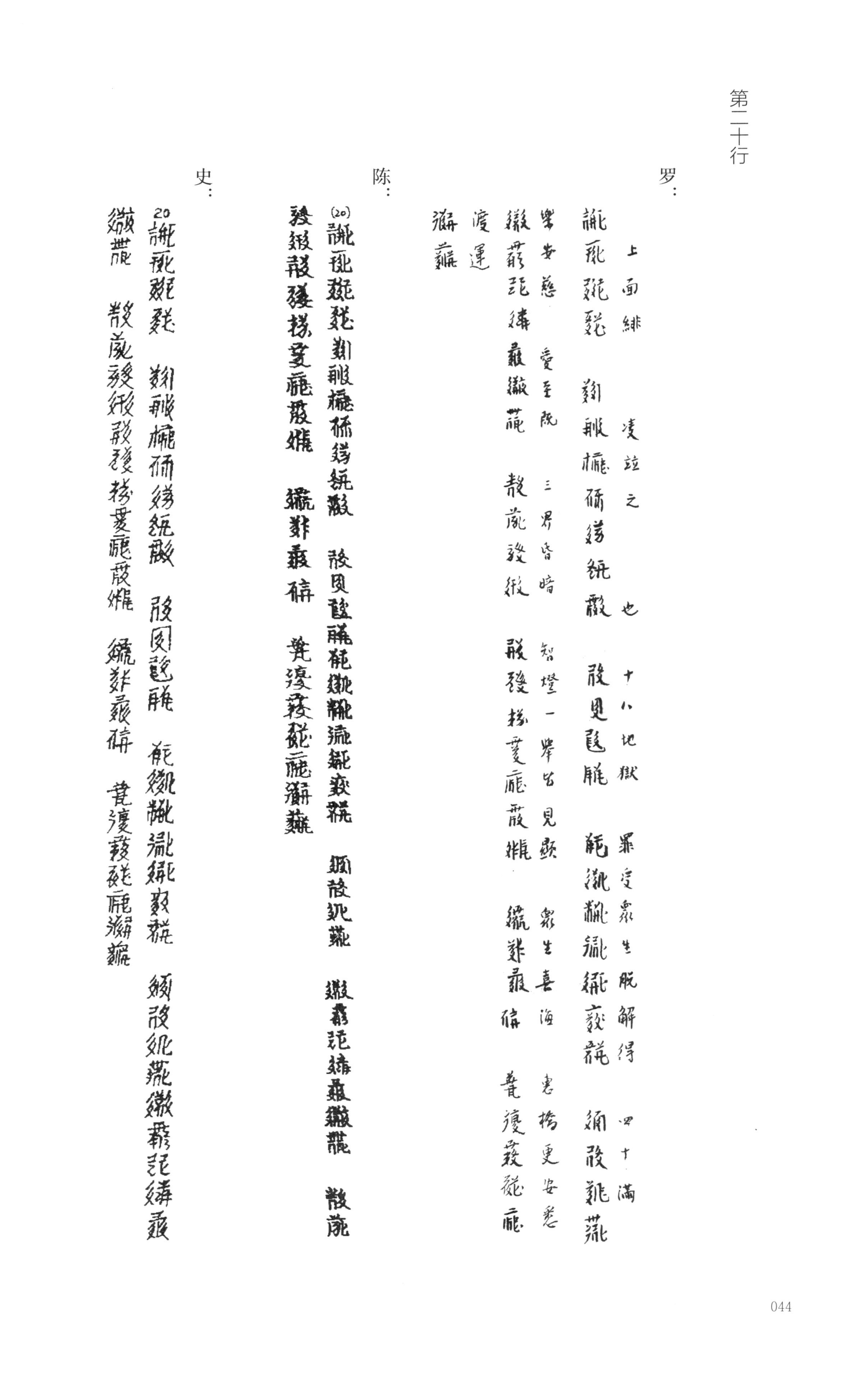

罗：

[illegible]（上面緋 [illegible] 凌拉之也 [illegible] 十八地獄 [illegible] 罪受衆生脫解得 [illegible] 四十滿 [illegible]）

[illegible]（罪安慈 [illegible] 愛至既 [illegible] 三界昏暗 [illegible] 智燈一舉出見顯 [illegible] 衆生喜悔 [illegible] 患捨更安惡 [illegible]）

[illegible]（渡運）

陈：

(20) [illegible]

史：

20 [illegible]

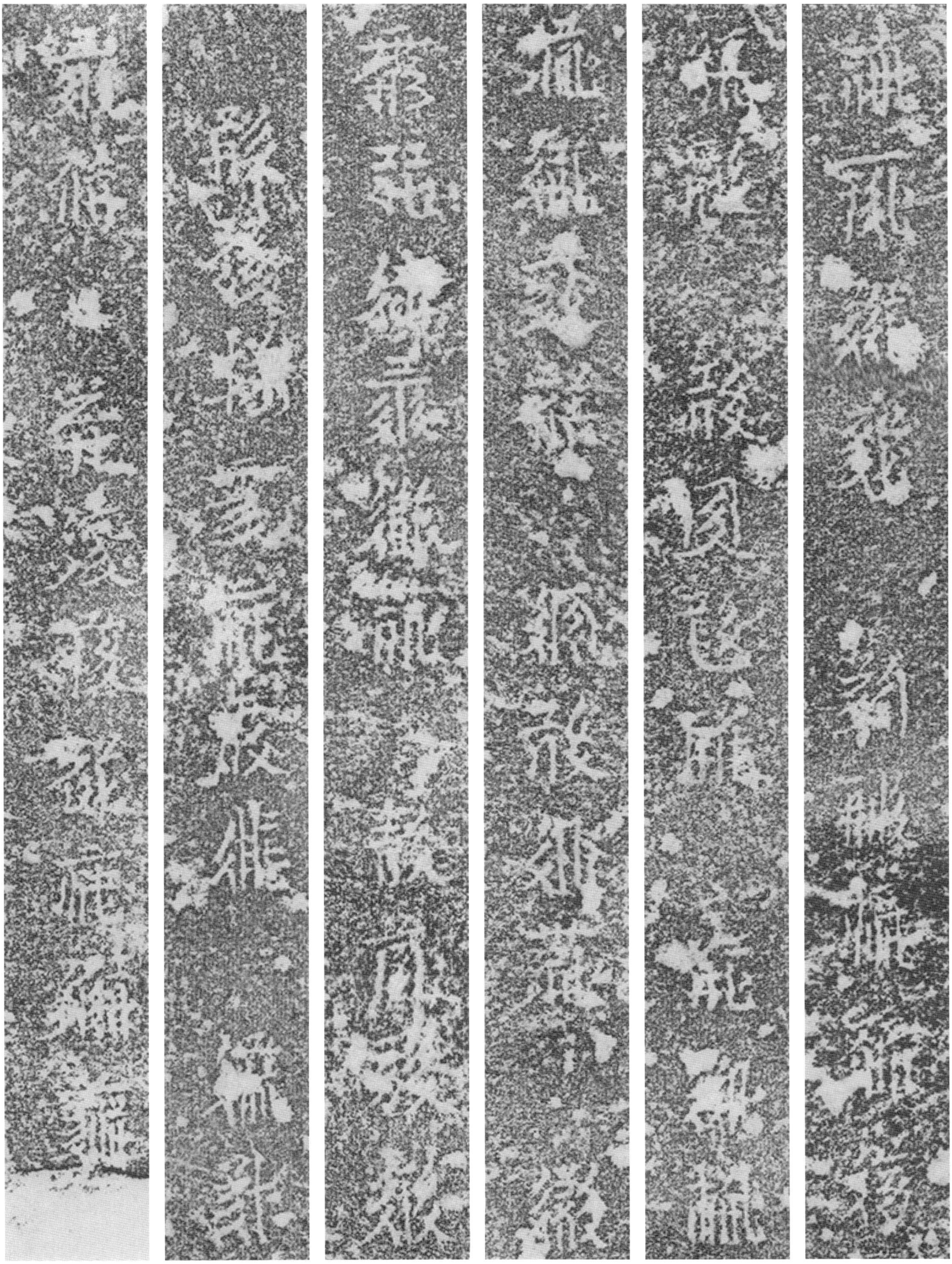

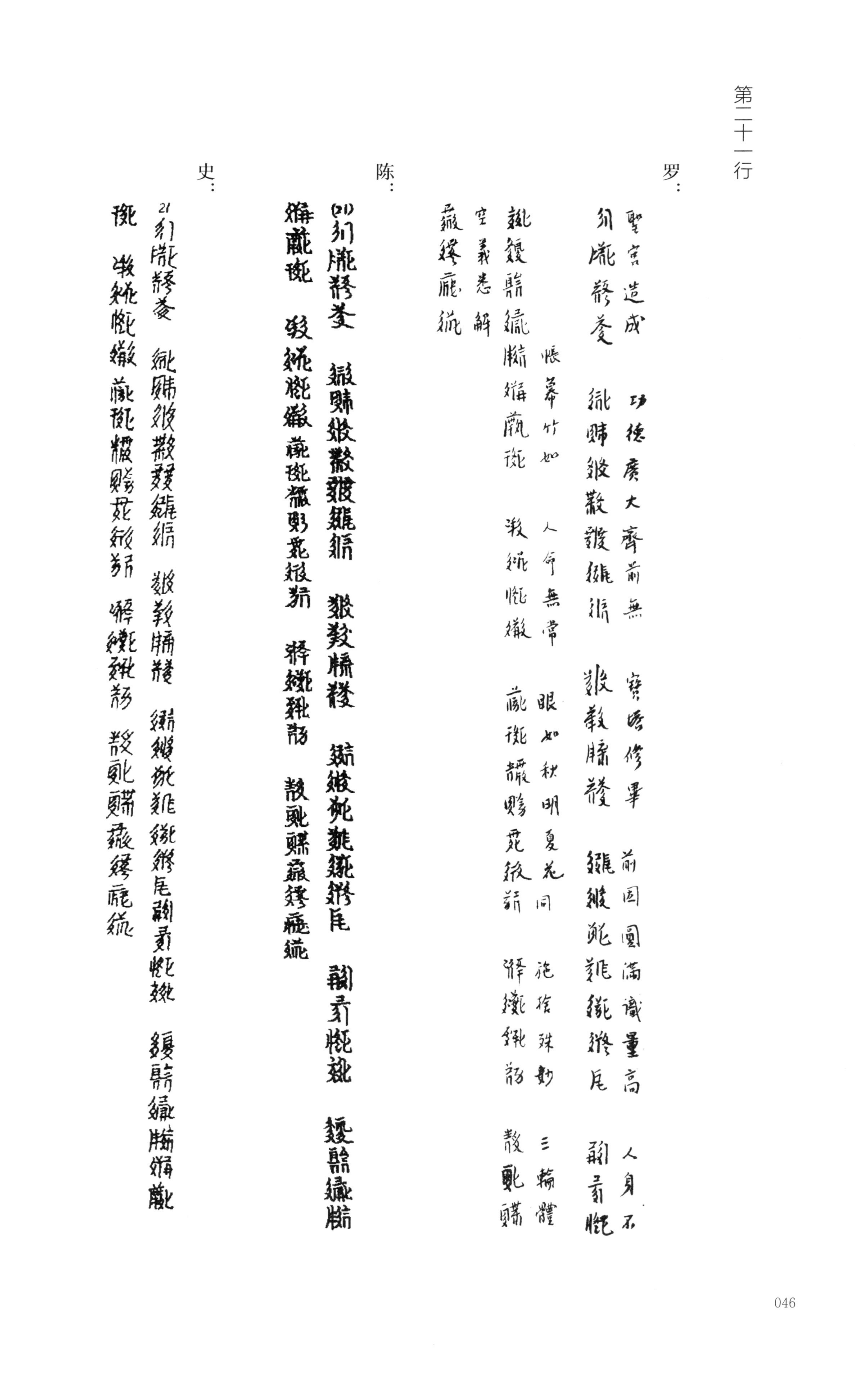

第二十一行

罗：

聖宮造成 功德廣大齊前無 寶塔修畢 前因圓滿識量高 人身不

帳幕竹如 人命無常 眼如秋明夏花同 施捨珠動 三輪體

空義悉解

陈：

(21)

史：

21

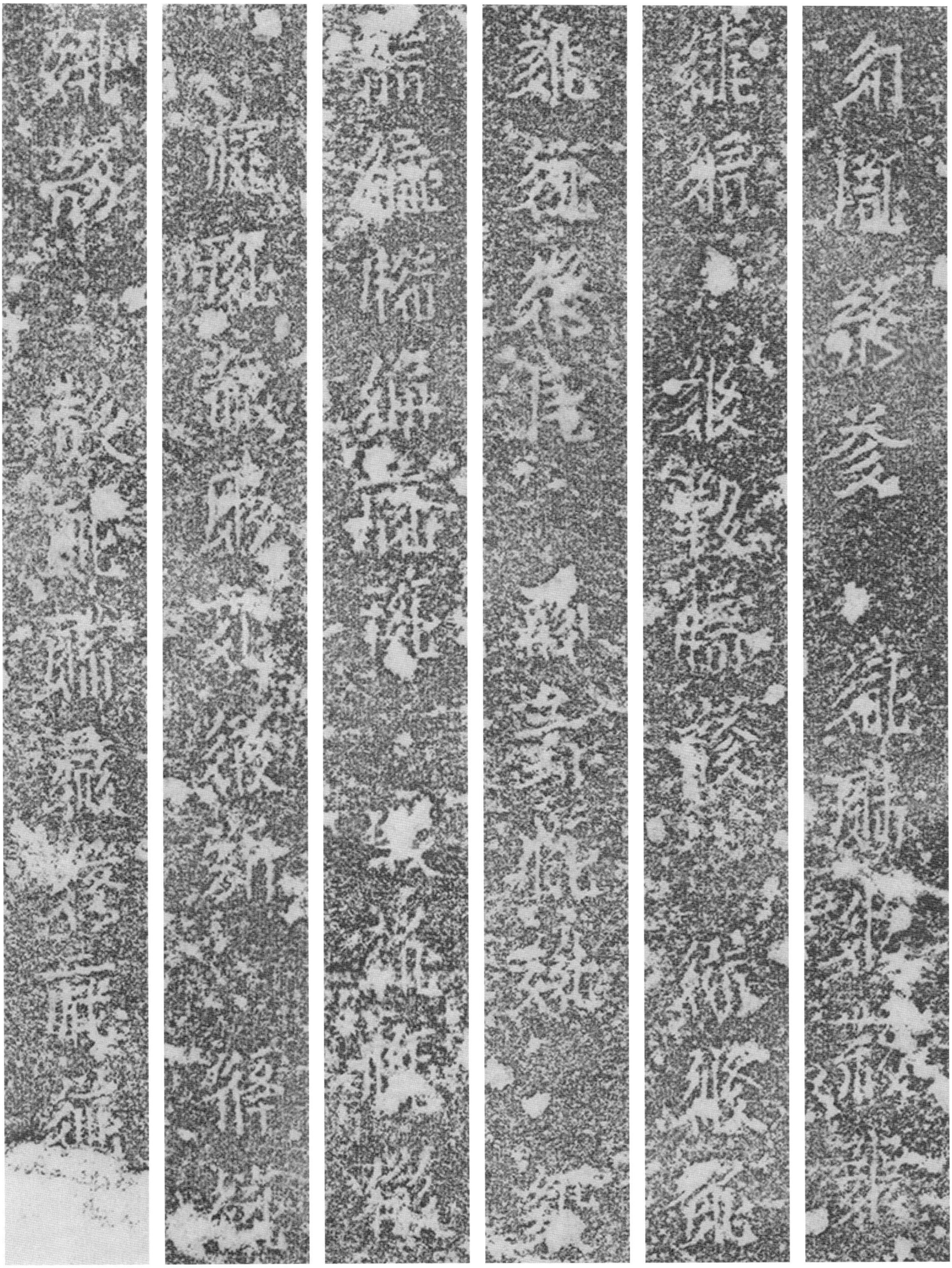

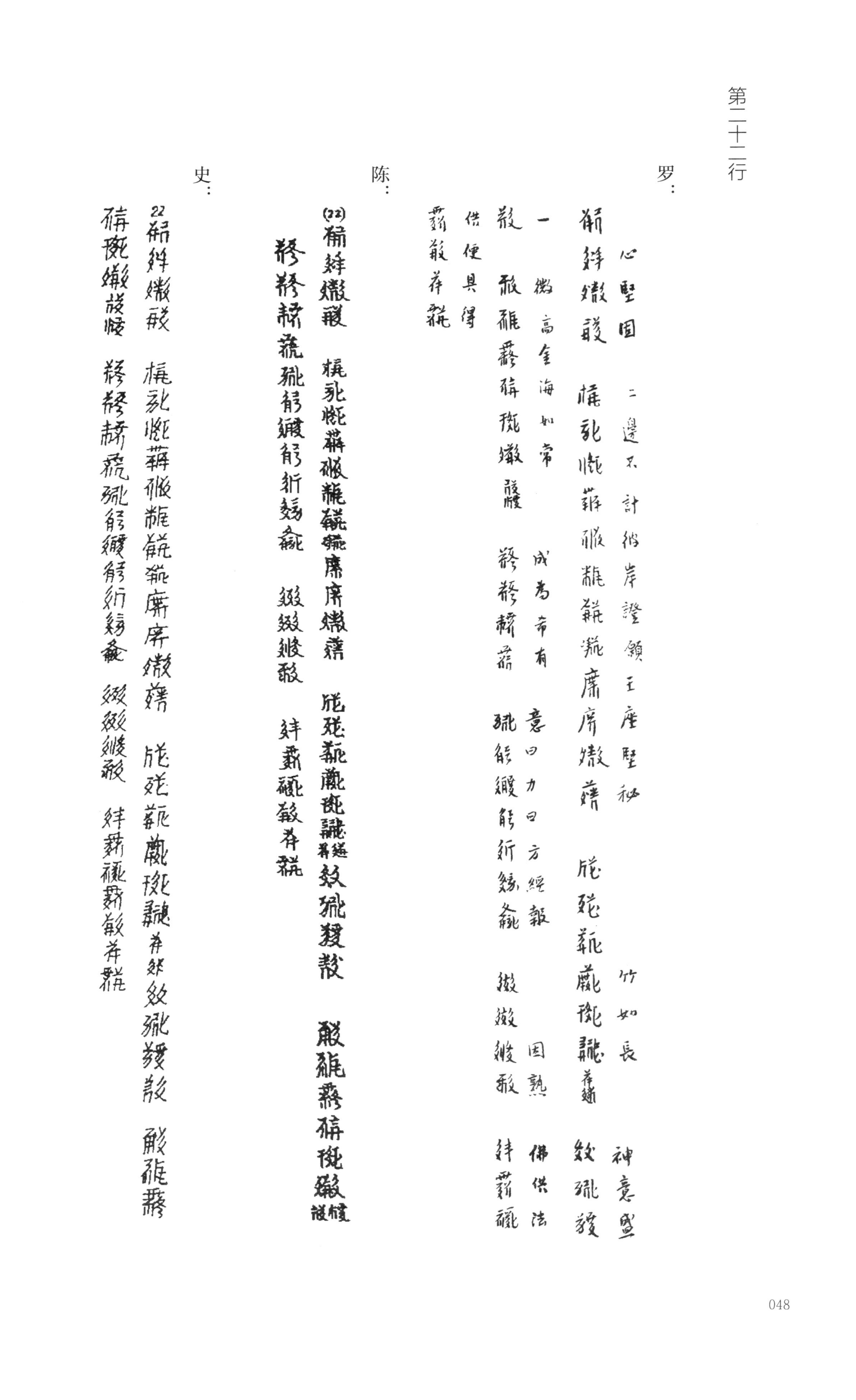

第二十二行

罗：

[illegible]

心堅固 二邊不計彼岸證領王座堅秘 竹如長 神意盛

一微 高全海如常 成為本有 意曰力曰方經報 因熟 佛供法

供便具得

陈：

(22) [illegible]

史：

22 [illegible]

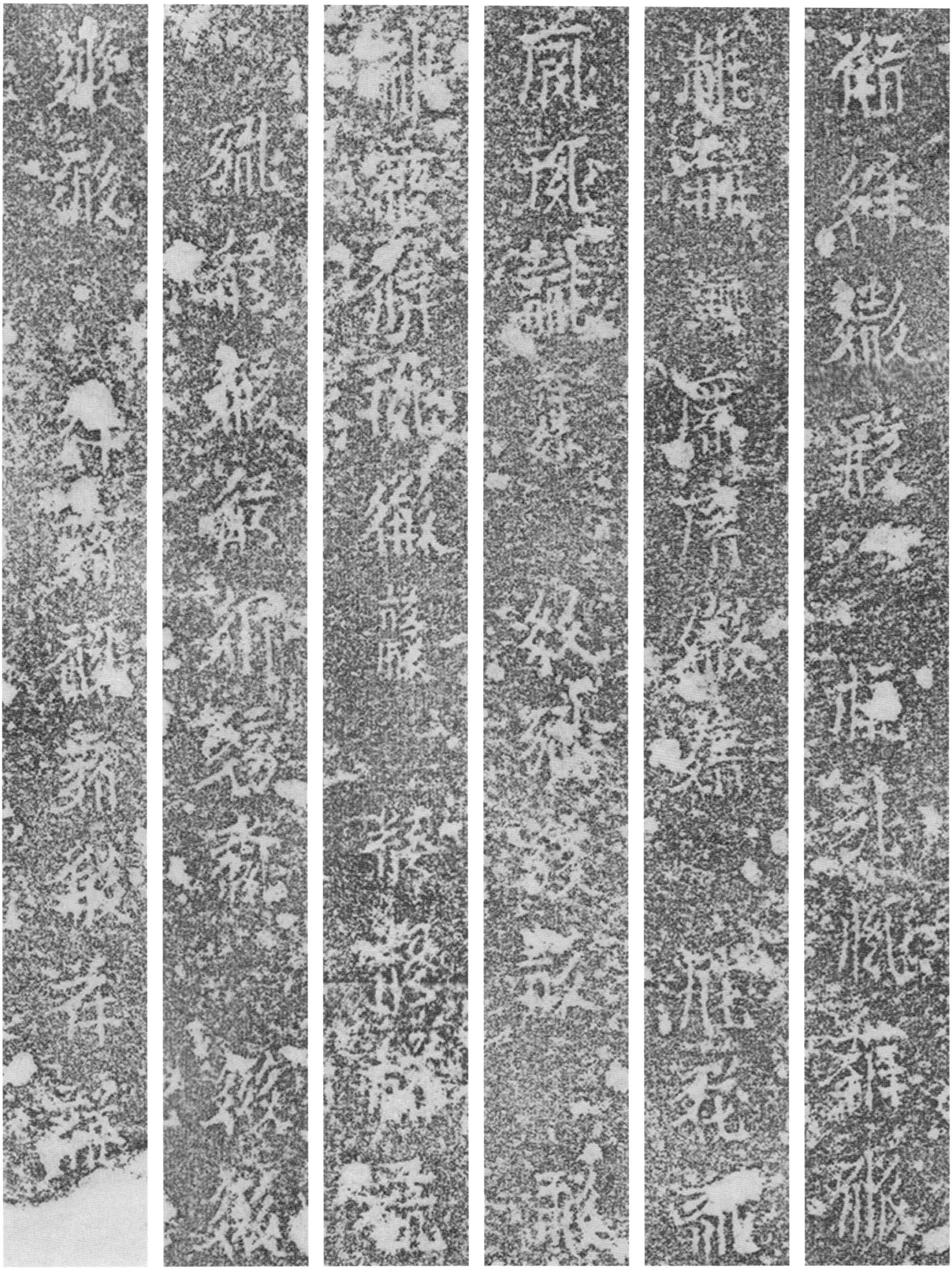

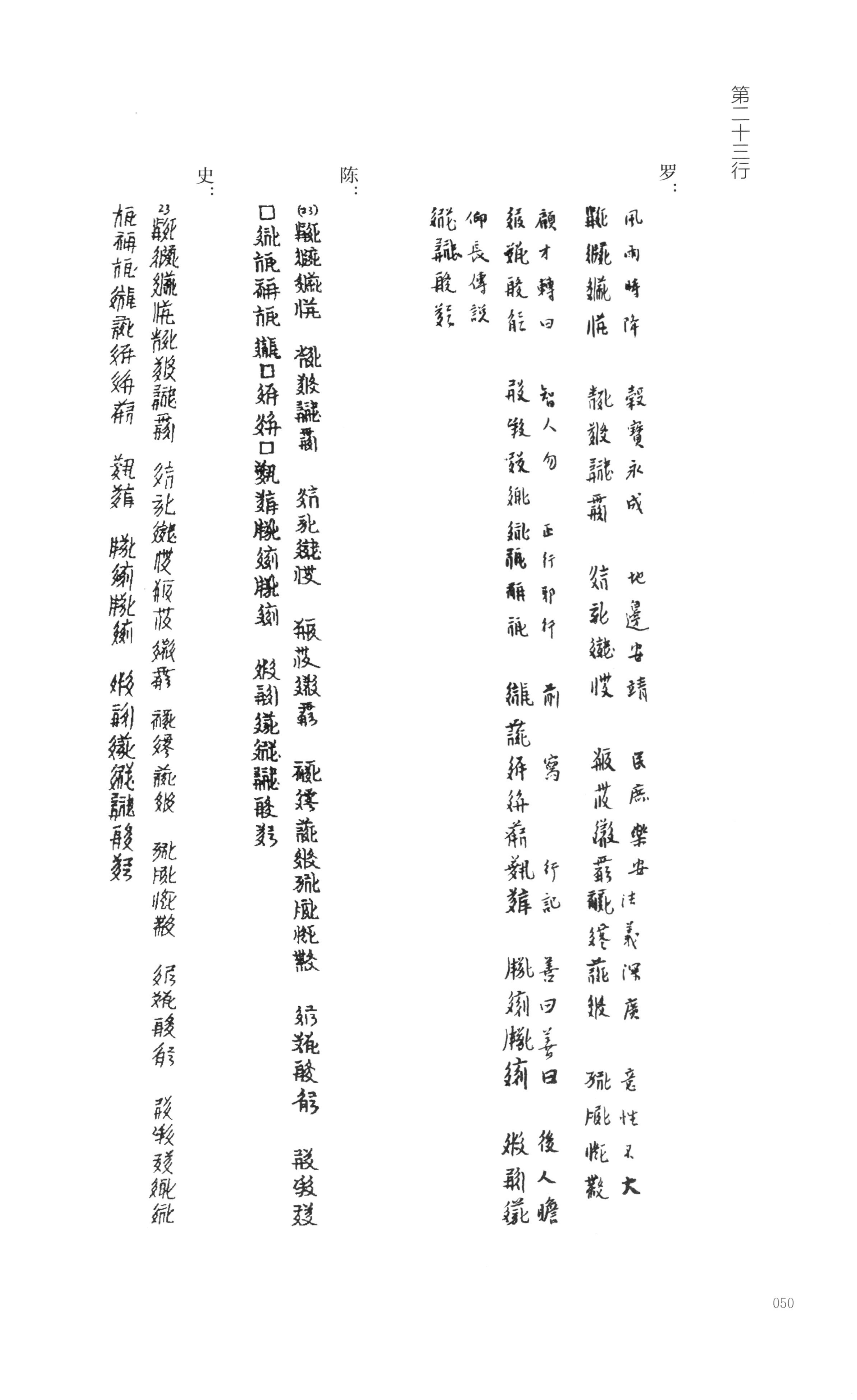

罗：

風雨時降　穀寶永成　地邊安靖　民庶樂安　法義深廣　意性不大

[illegible]

顧才轉曰　智人句　正行耶行　前寫　行記　善曰善曰　後人瞻

[illegible]

御長傳說

[illegible]

陈：

(23) [illegible]

[illegible]

史：

23 [illegible]

[illegible]

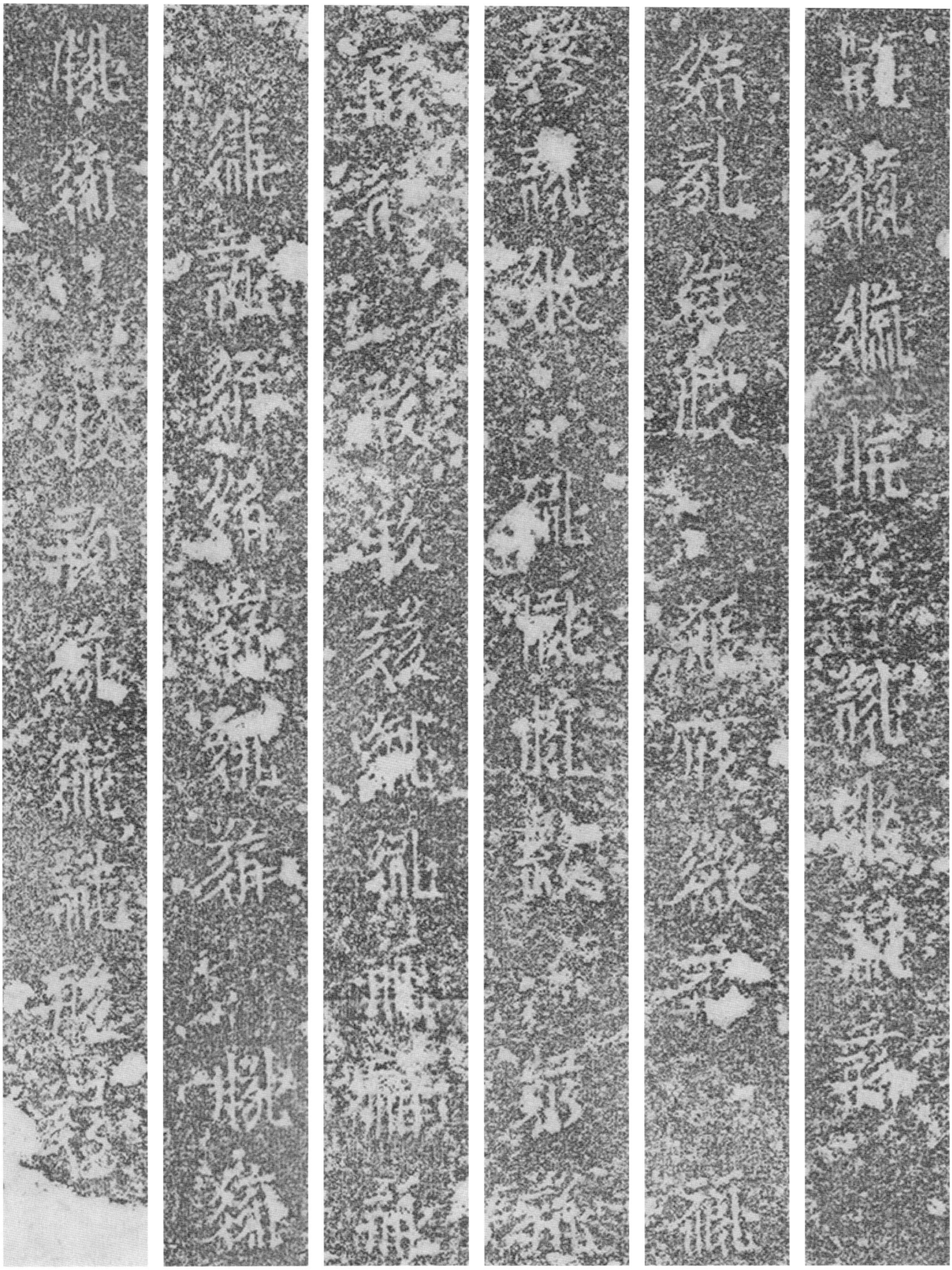

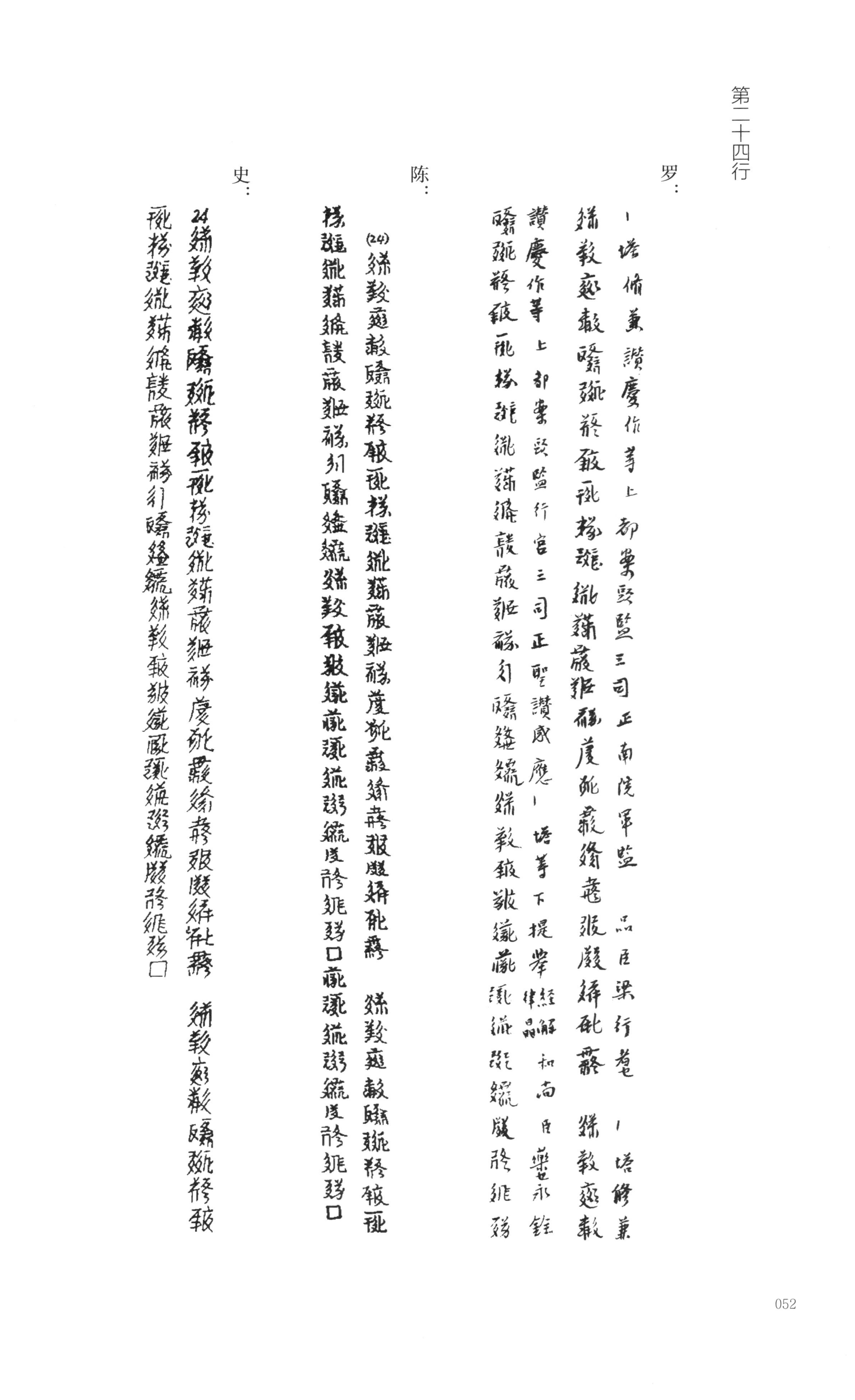

第二十四行

罗：

1塔偷兼讚慶作等上 都案頭監三司正南院軍監 品臣梁行菴 1塔修兼

[illegible]

讚慶作等上 都案頭監行宮三司正聖讚感應1塔等下提舉 經律解晶 和尚 臣 藥乜永銓

[illegible]

陈：

(24) [illegible]

[illegible]

史：

24 [illegible]

[illegible]

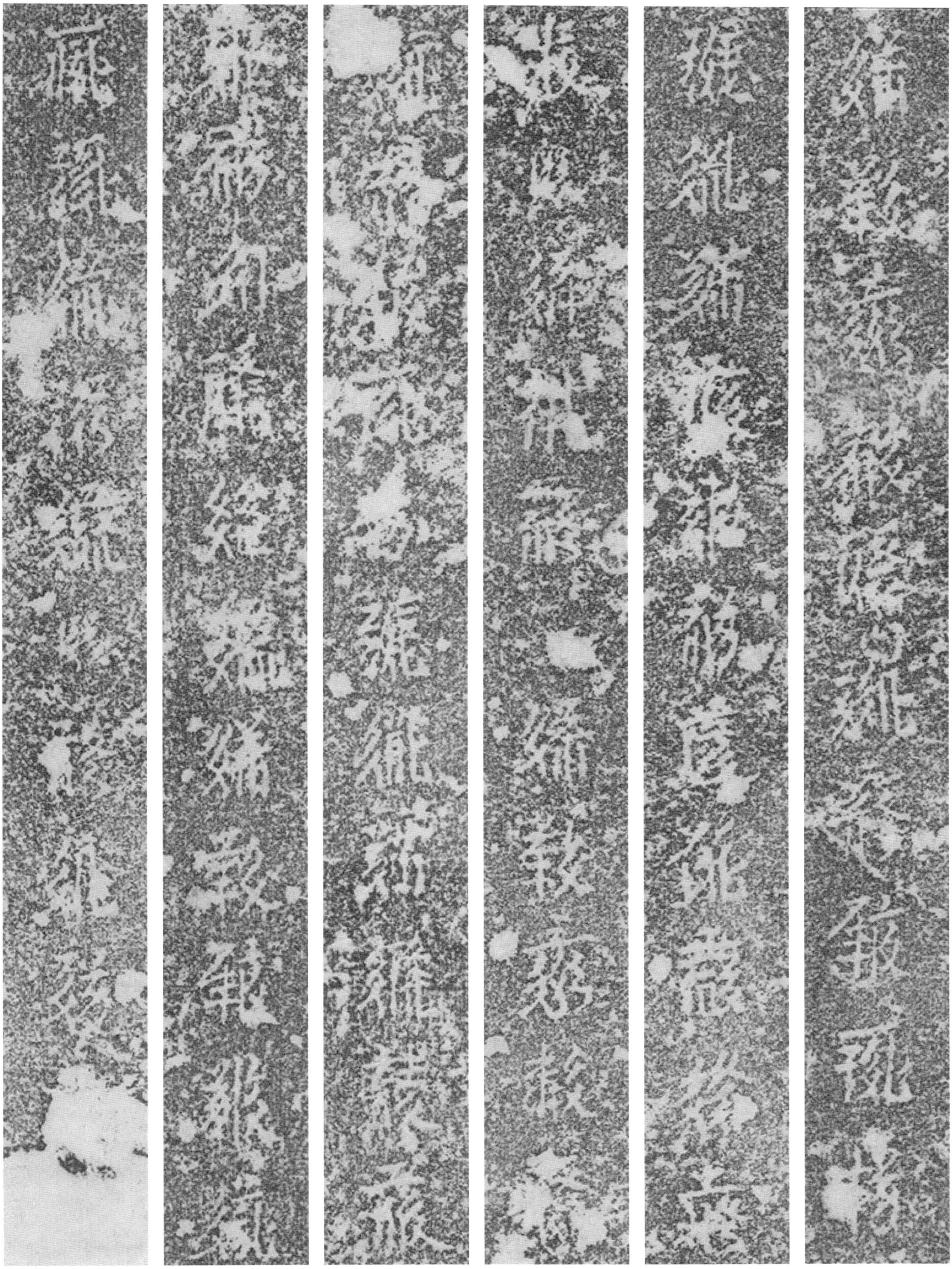

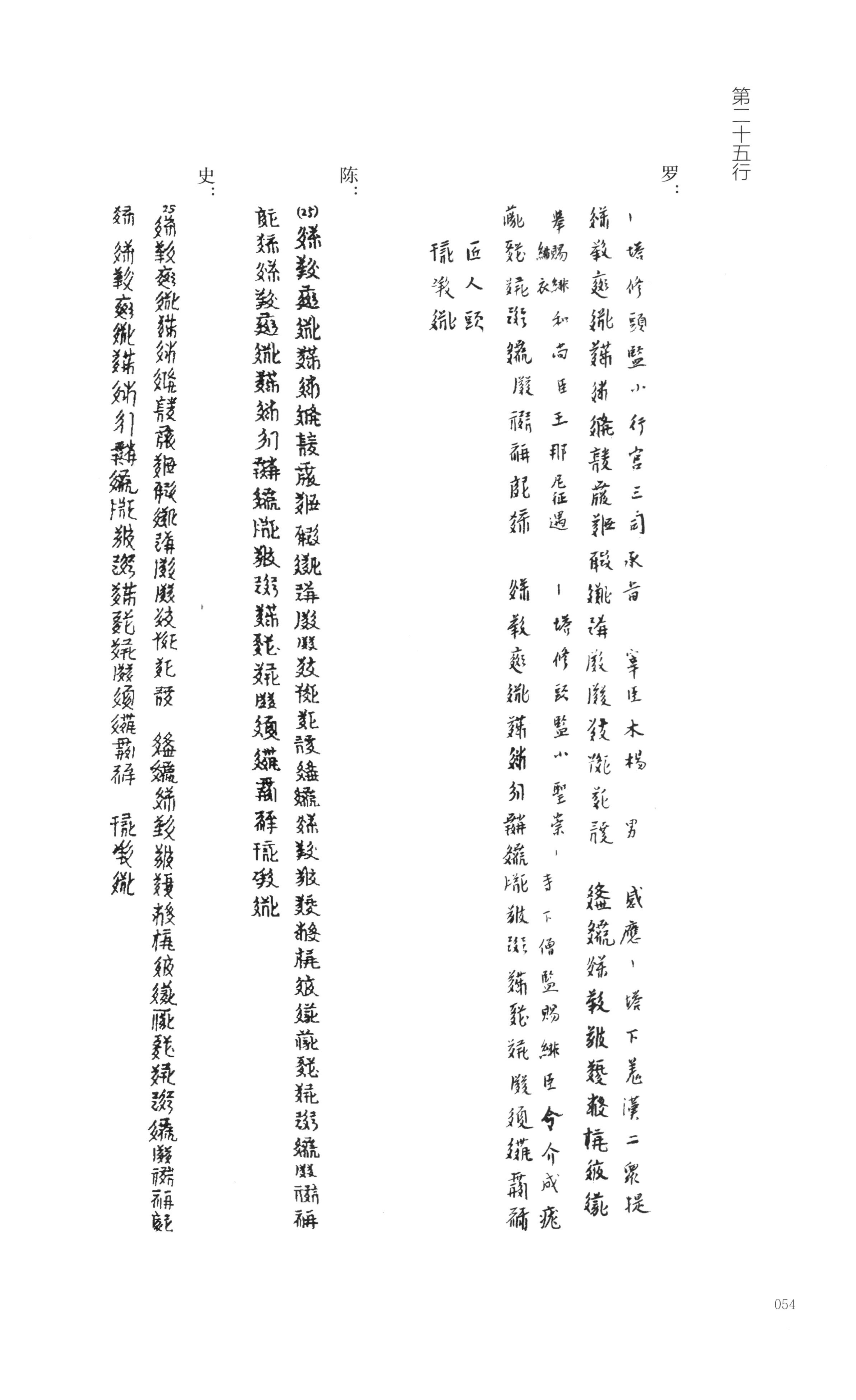

第二十五行

罗：

丨塔修头监小行宫三司承旨 宰臣木杨男 感应丨塔下羌汉二众提

举 赐绯衣 和尚臣王那尼征遇 丨塔修头监小圣崇丨寺下僧监赐绯臣令介成宠

匠人头

陈：

(25)

史：

25

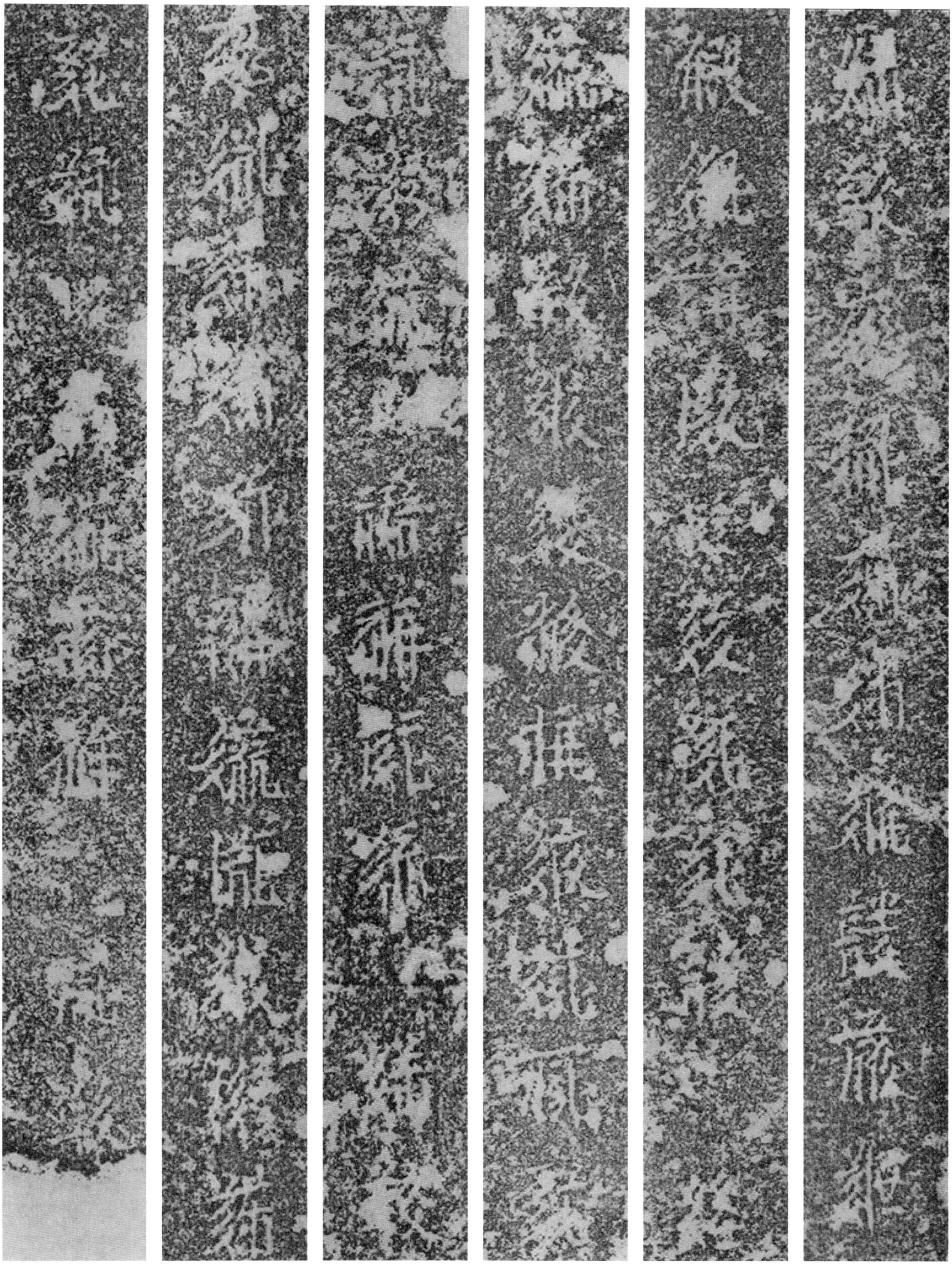

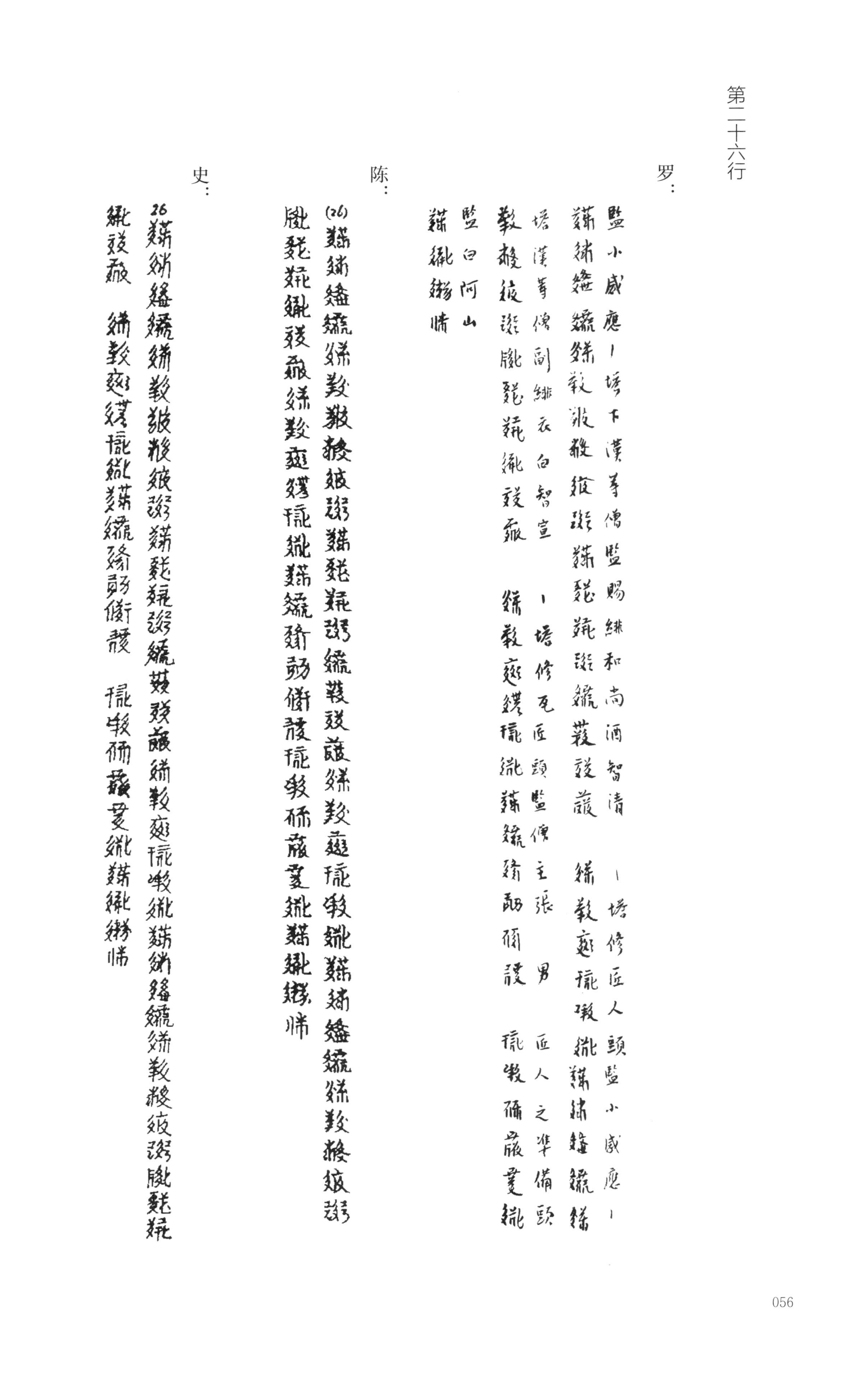

第二十六行

罗：

監小威應丨塔下漢筭傳監賜緋和尚酒智清　丨塔修匠人頭監小威應丨

[illegible]

塔漢筭傳副緋衣白智宣　丨塔修瓦匠頭監傳主張男　匠人之準備頭

[illegible]

監白阿山

[illegible]

陈：

(26) [illegible]

史：

26 [illegible]

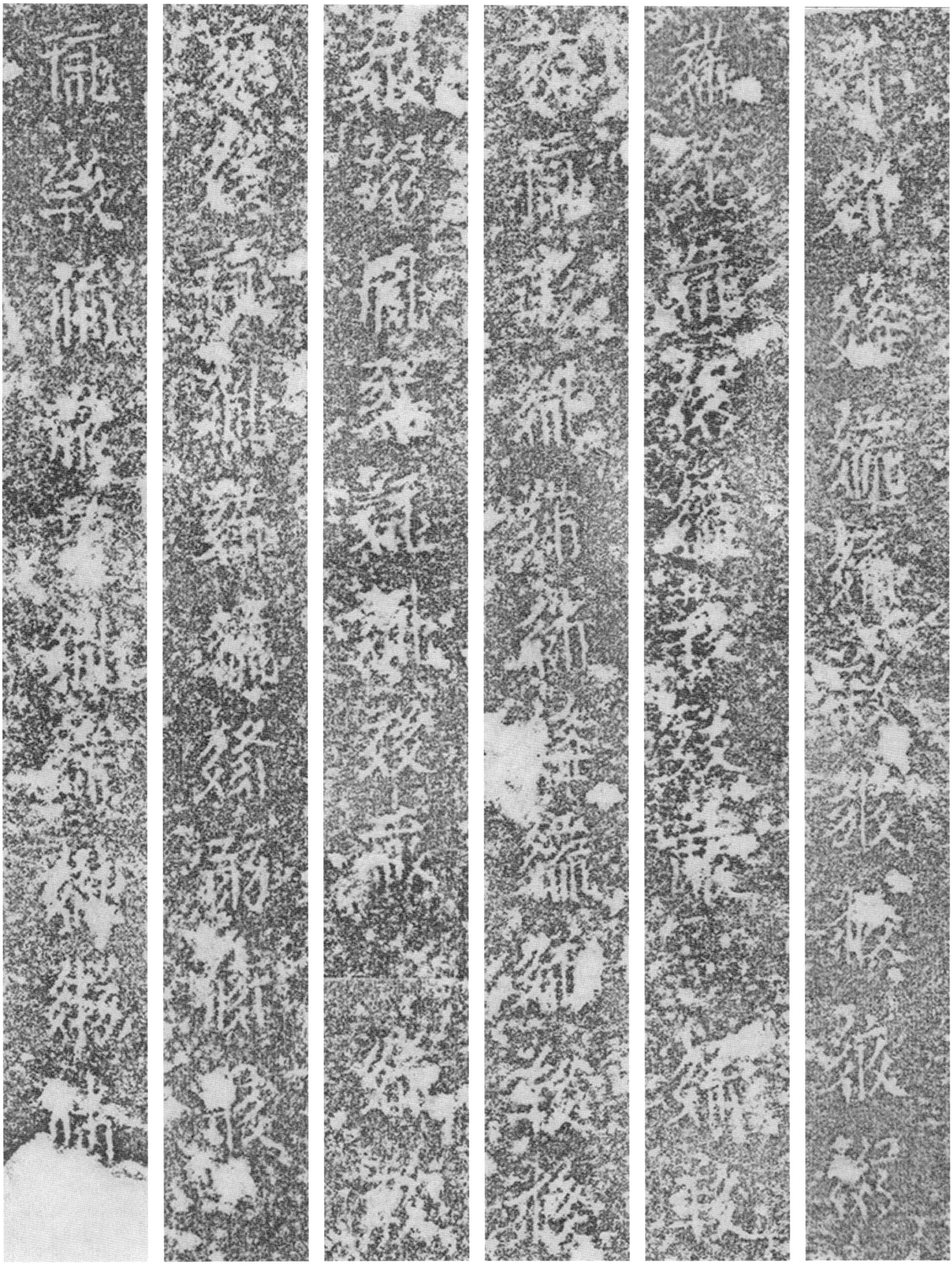

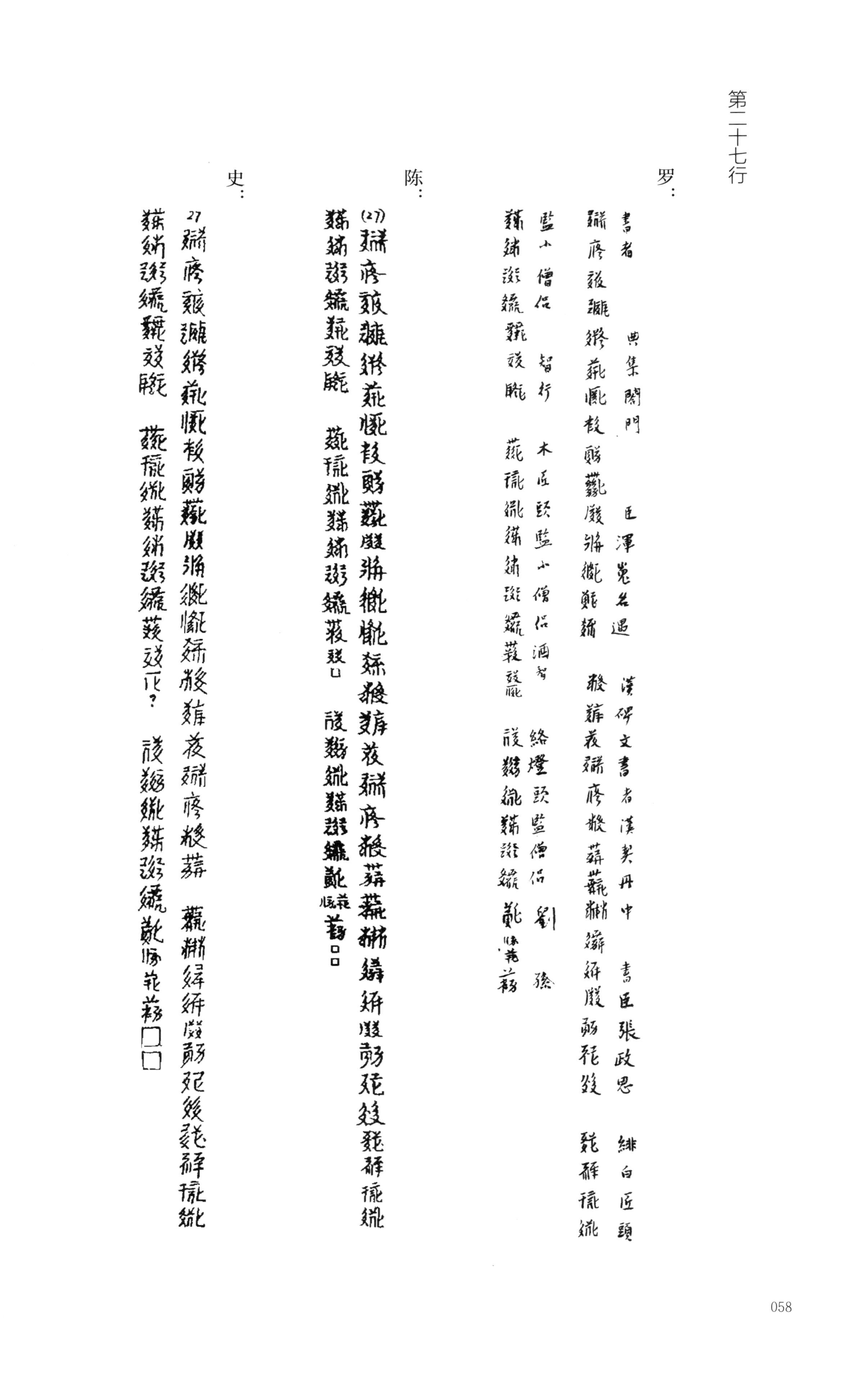

第二十七行

罗：

书者 典集阁门 臣浑嵬名遇 汉碑文书者汉契丹中书臣张政思 绯白匠头

[Tangut text]

监小僧侣 智行 木匠头监小僧侣酒智 络燈头监僧侣刘孙

[Tangut text]

陈：

(27) [Tangut text]

史：

27 [Tangut text]

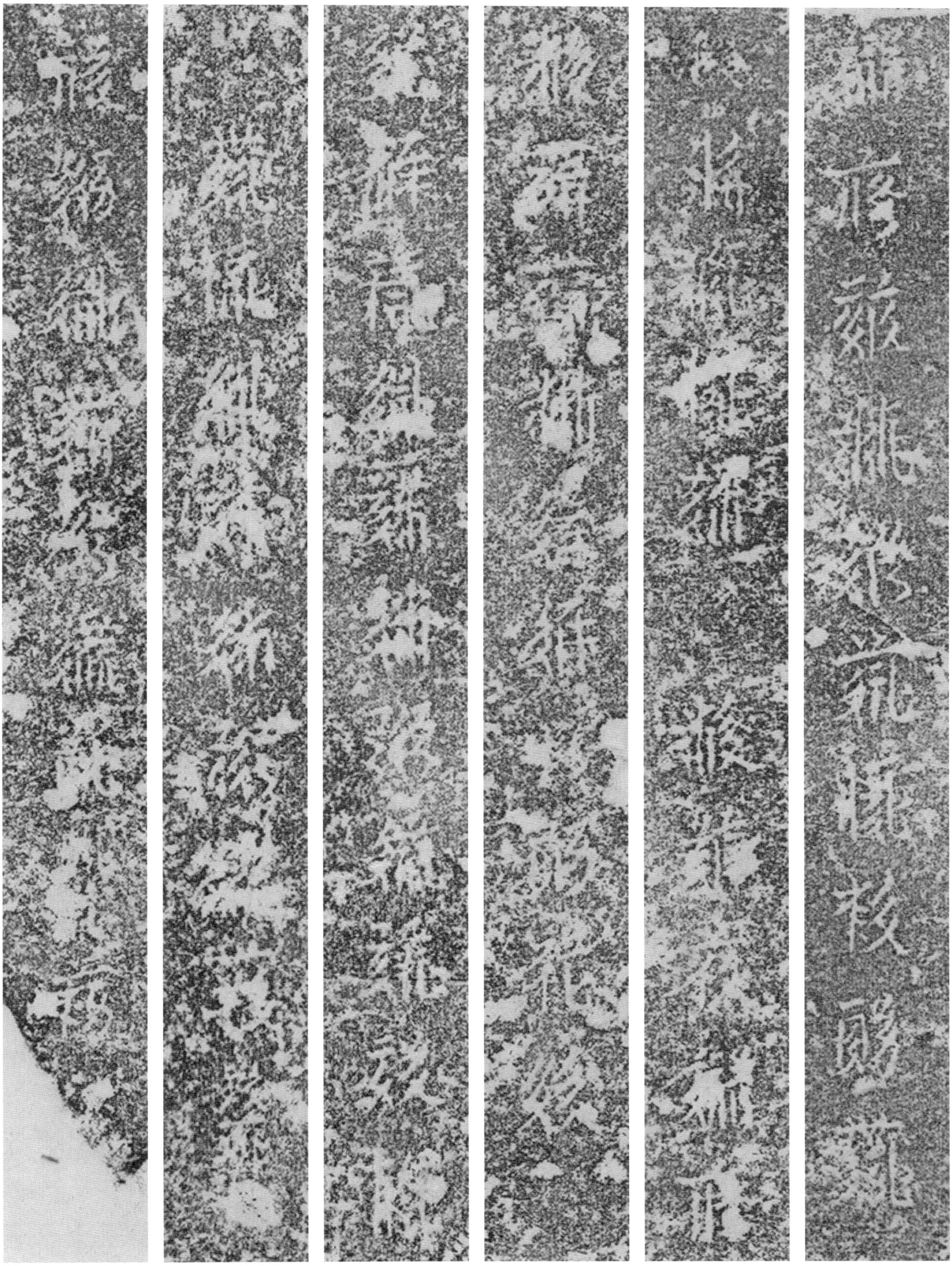

第二十八行

罗：

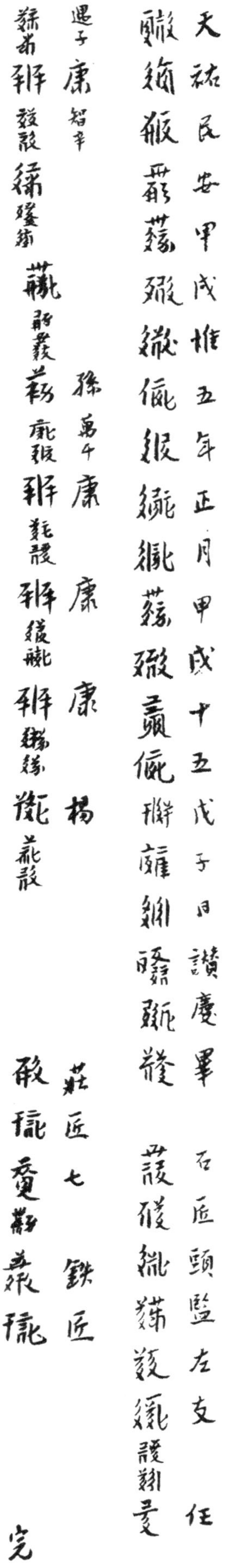

陈：

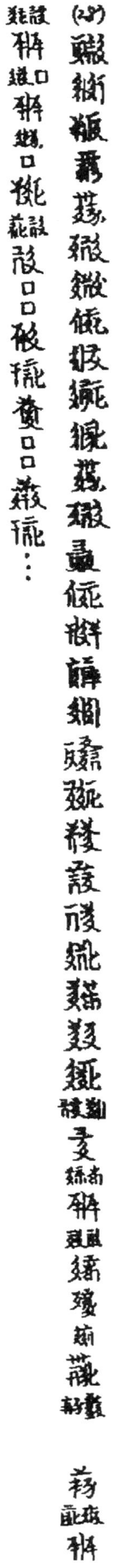

史：

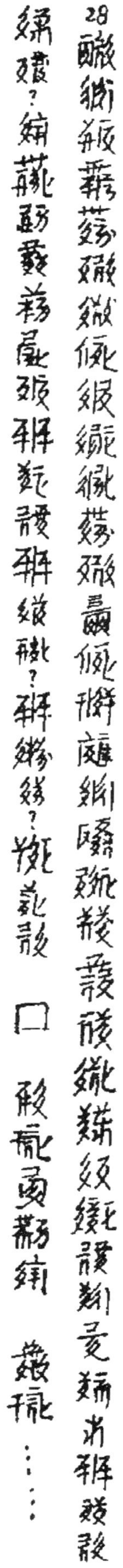

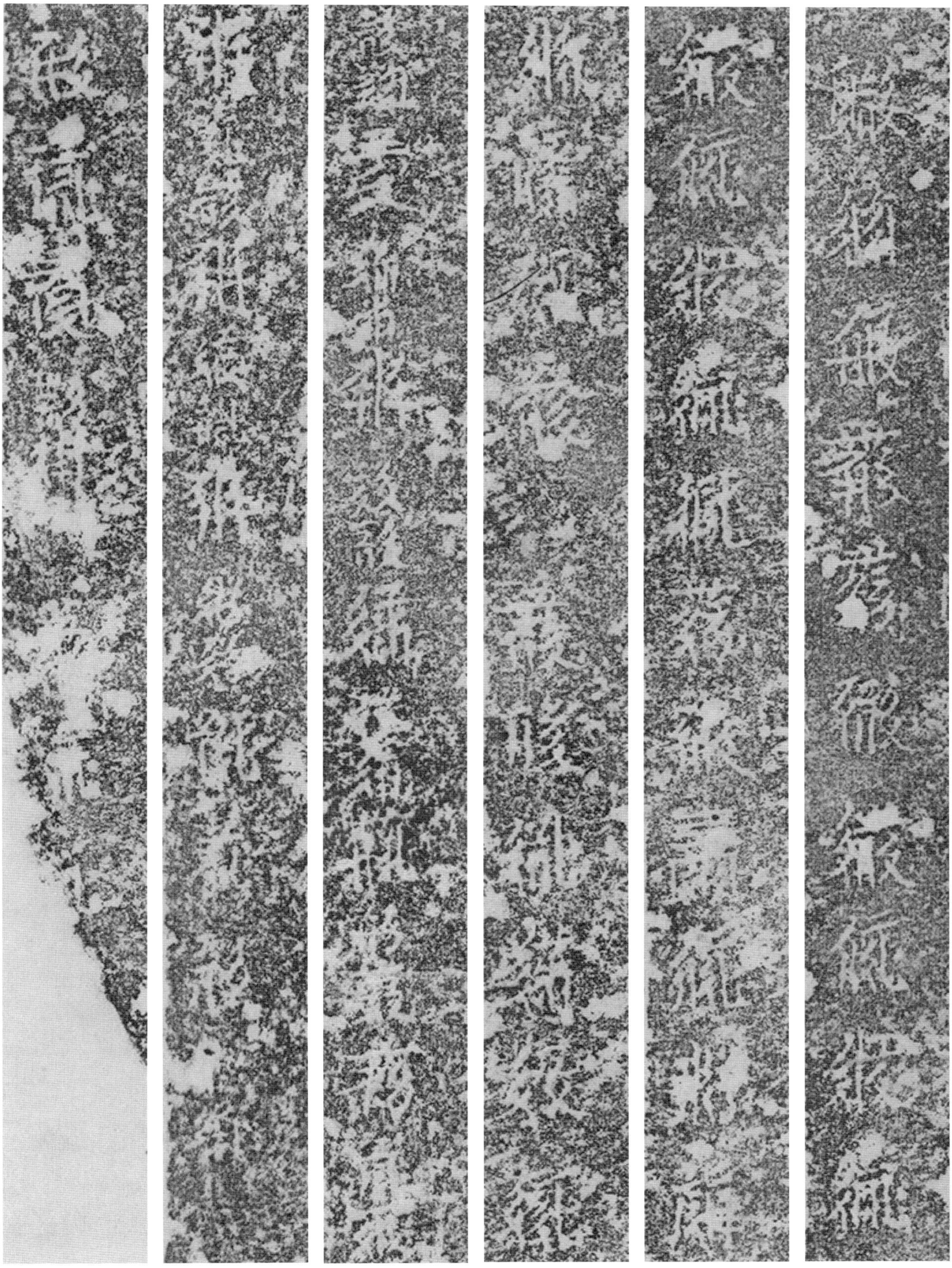

西夏碑汉文碑帖

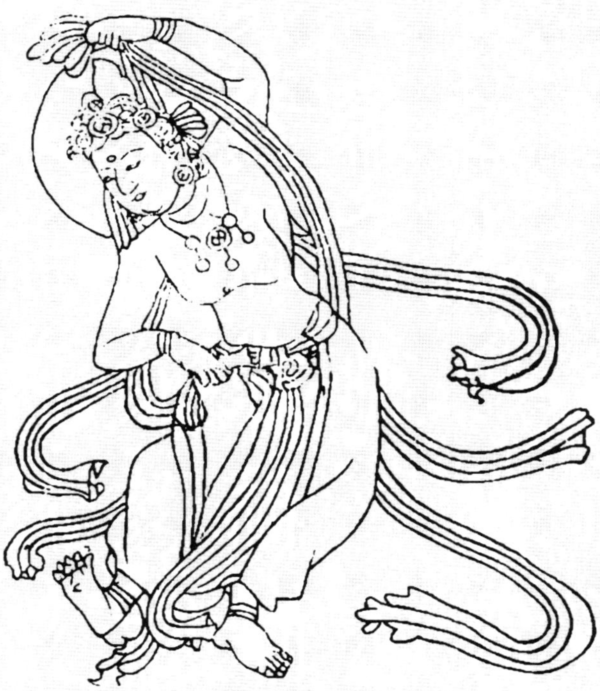

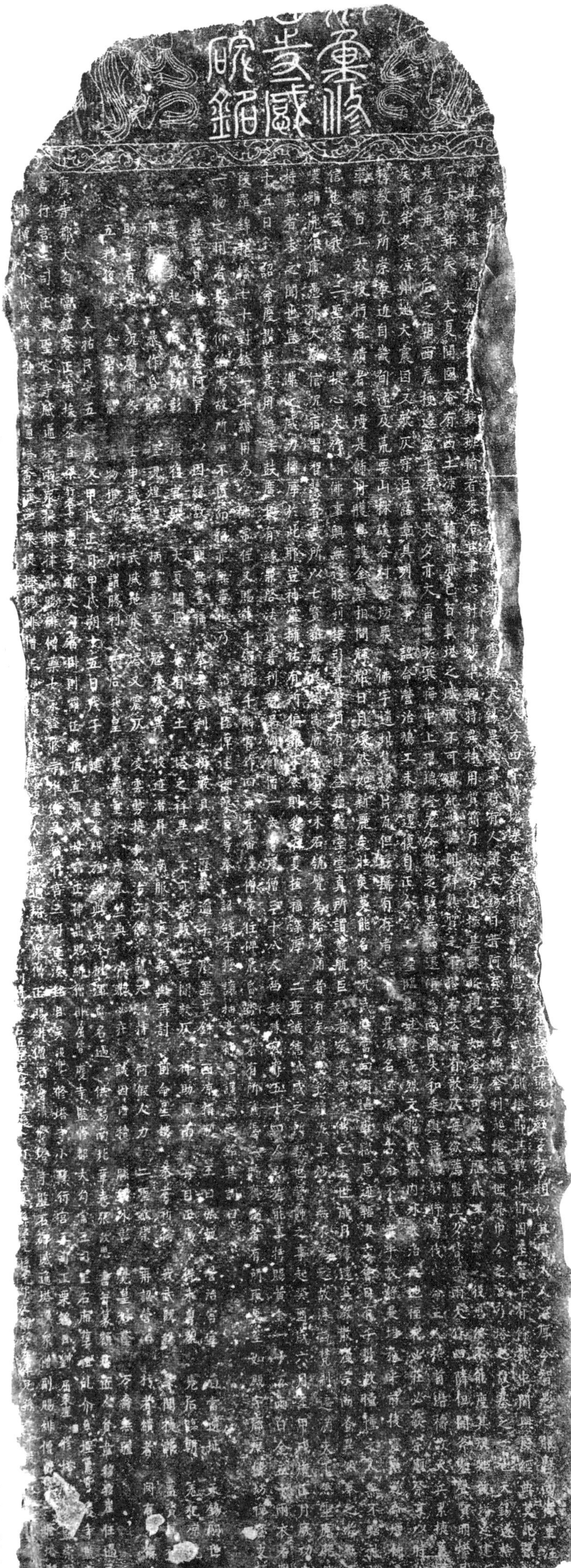

西夏碑背面

张澍（清）版本（以下简称张）：

西夏天祐民安碑

罗福成（民国）版本（以下简称罗）：

重修護國寺感應塔碑銘

陈炳应版本（以下简称陈）：

凉州重修护国寺感通塔碑铭

史金波版本（以下简称史）：

重修护国寺感通塔碑铭

第一行 缺

第二行

张：（缺）大抵与五常之教多（缺）有相似其实入人深厚令智愚心服归向信重江（缺）

罗：上缺二十七字智慧因緣種種比喻口口口口大抵與五常之教多有相似其實入人其實入人深厚令智愚心服歸向信重汪洋廣博口

陈：（上缺二十七字）智慧因缘，种种比喻，□□□□，大抵与五常之教多有相似，其实入人深厚，令智愚心服归向，信重汪洋广博

史：……智慧因缘种种比喻化□□□大抵与五常之教多有相似，其实入人深厚，令智愚心服，归向信重，汪洋广博□，

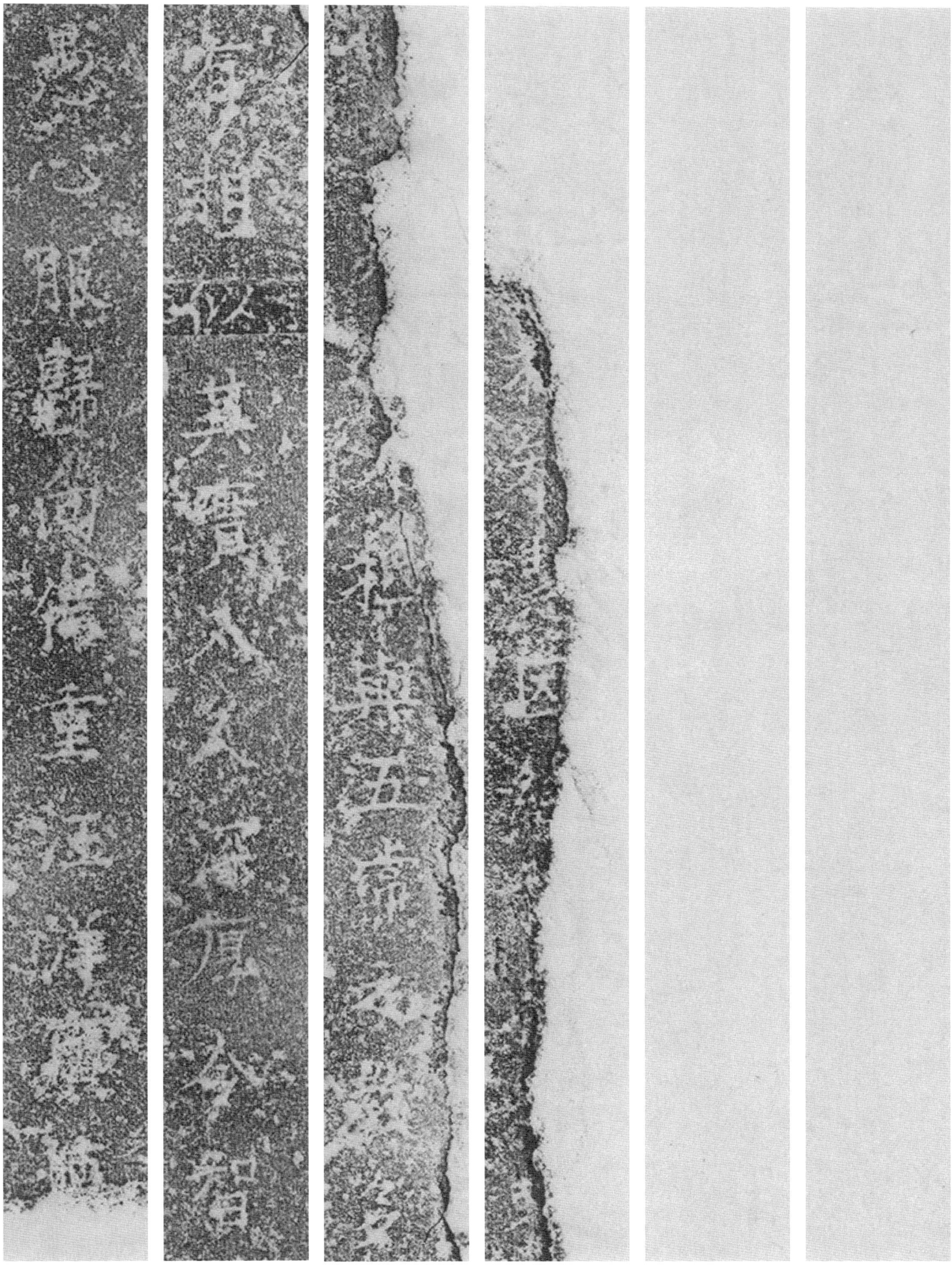

第三行

张：起八万四千宝塔奉安舍利，报佛恩重，今武威郡塔即其数也。自周至晋，千有余载，中间兴废，经典莫记。张轨（缺）

罗：上缺二十一字阿育王起八万四千寶塔奉安舍利報佛恩重今武威郡塔即其數也自周至晉千有餘載中間興廢經典
莫記張軌稱制口

陈：（上缺二十二字）阿育王起八万四千宝塔，奉安舍利，报佛恩重。今武威郡塔，即其数也。自周至晋，千有余载，中间兴废，经典莫记。张轨称制（西）

史：……阿育王起八万四千宝塔，奉安舍利，报佛恩重。今武威郡塔，即其数也。自周至晋，千有余载，中间兴废，经典莫记。张轨称制，□

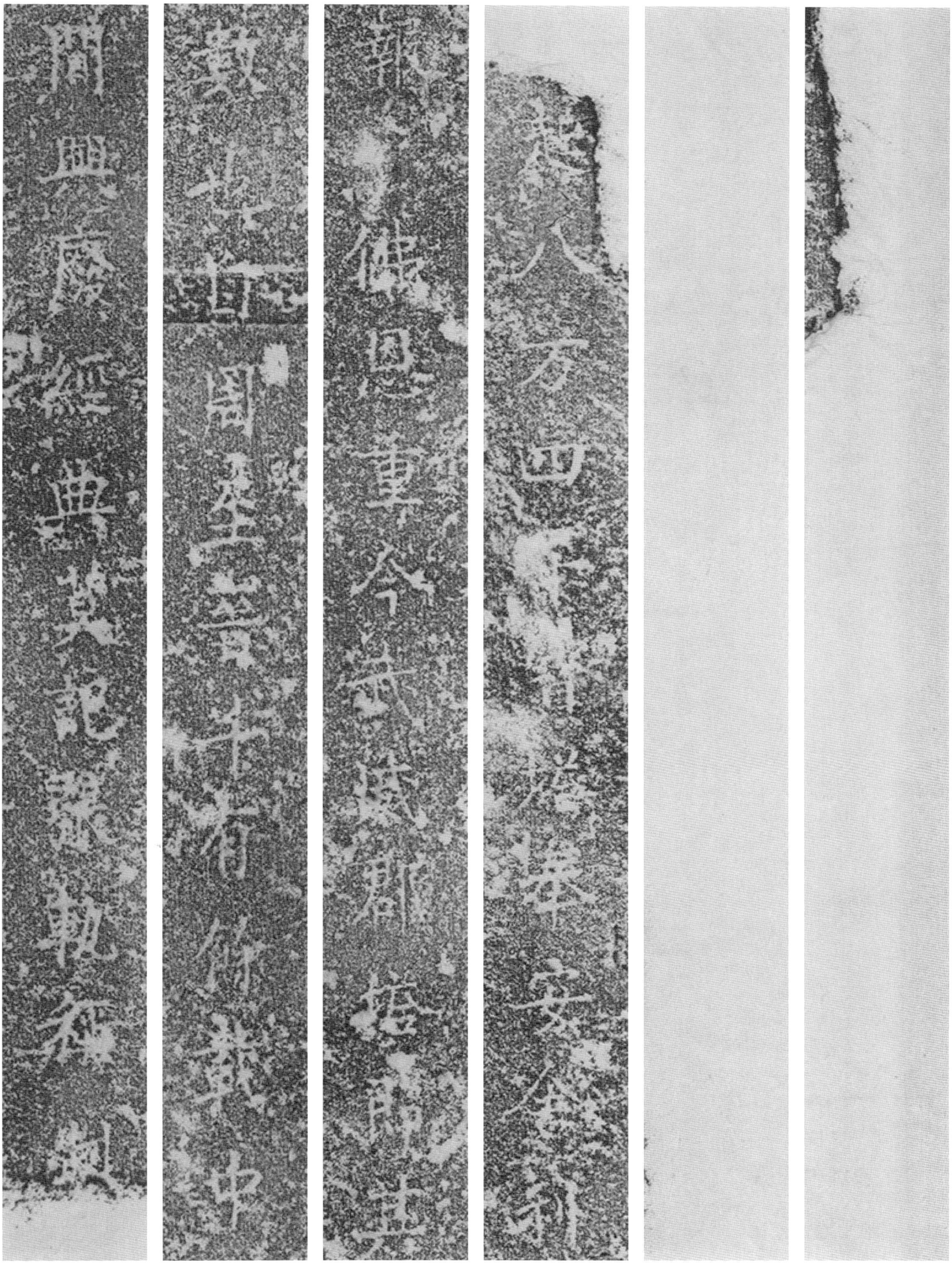

第四行

张：

天锡异其事，时有人谓天锡曰：『昔阿育王奉佛舍利，起塔遍世界中，今之宫，乃塔之故基之一也。』天锡遂舍其（缺）

罗：

凉治建宫室適當遺址中缺九字宫中數多靈瑞天錫異其事時有人謂天錫曰昔阿育王奉 佛舍利起塔遍世界中今之宫乃塔之故基之一也天錫遂捨其宫爲寺

陈：

凉，治其宫室，适当遗址，（中缺九字）宫中数多灵端，天赐异其事。时有人谓天赐曰：昔阿育王奉佛舍利，起塔遍世界中，今之宫乃塔之故 基之一也。天赐遂舍其宫为寺，

史：

凉治建宫室，适当遗址。……宫中数多灵瑞，天赐异其事。时有人谓天锡曰：昔阿育王奉佛舍利，起塔遍世 界中，今之宫乃塔之故基之一也。天锡遂舍其宫为寺，

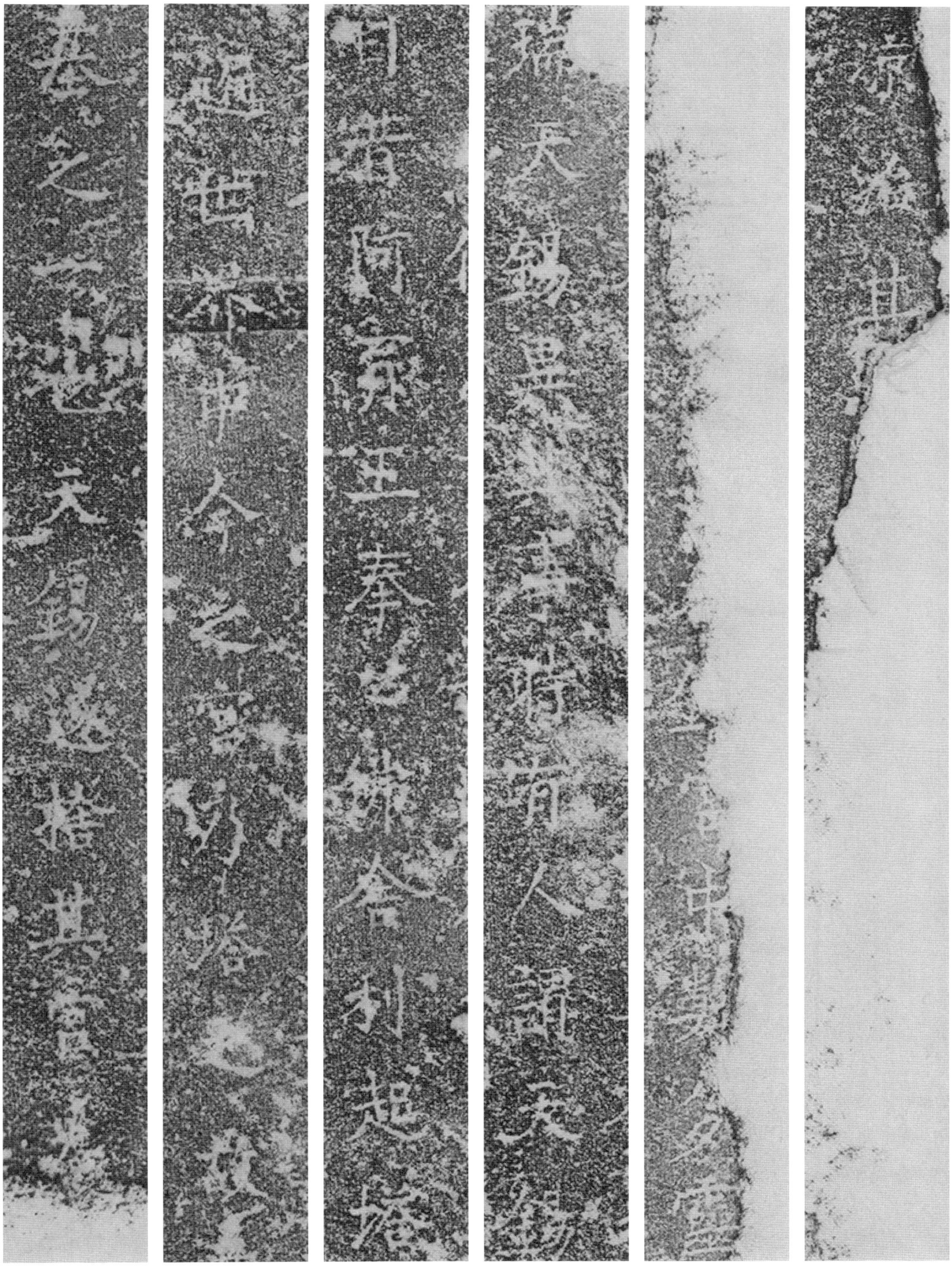

第五行

张：

技类（缺）输者来治其事，心计神妙，准绳特异，材用质简，斤踪斧迹极其疏略，视之如容易可及，然历代工巧营心役思，终不能度其规矩。兹塔之建迄（缺）

罗：

就其地建塔適合□□□技類班輸來者治其事心計神妙準繩特異材用質簡斤蹤斧迹極甚踈略視之如容易可及然歷代工巧營心役思終不能度其規矩茲塔造建迄今八百

陈：

就其地建塔。适会□□□技类班输者来治其事，心计神妙，准绳特异，材用质简，斤踪斧迹，极甚踈略，视之如容易可及，然历代工巧，营心役思，终不能度其规矩。兹塔建造，迄今八百

史：

就其地建塔，适会□□□技类班输者，来治其事。心计神妙，准绳特异，材用质简，斤纵斧迹，极甚踈略。视之如容易可及，然历代工巧营心役思，终不能度其规矩。兹塔之建，迄今八百

亦其地建塔適會本杖
類班輸者來含其事心計神妙
準繩特異材用質簡斤斧奇迹
極其巧略視之如容易可[illegible]
歷代[illegible]考曾之役思[illegible][illegible]能
度其規矩巍於是建造迄今今[illegible]

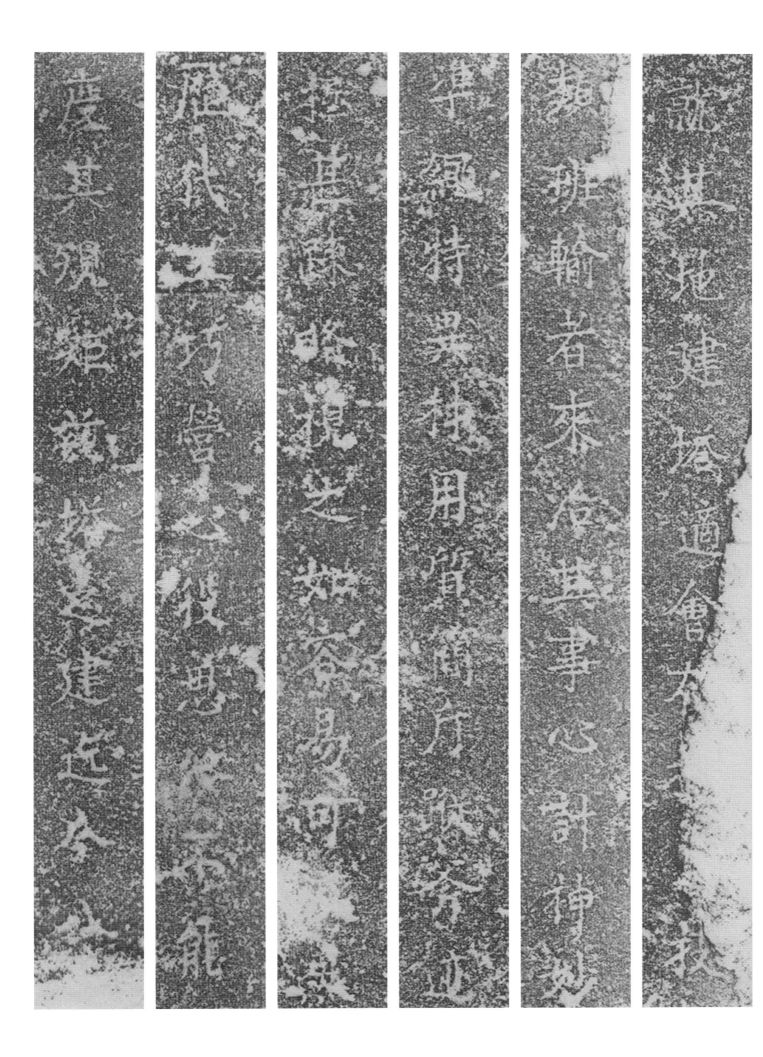

张：二千余年矣。大夏开国，奄有西土，凉为辅郡，亦已百载。塔之感应，不可殚纪。然听闻详熟，质之不谬者，云尝有敧仄，每欲荐整，至夕皆风雨大作，四邻但闻斧凿声，质明，塔已（缺）如

罗：二十餘年矣大夏開國奄有西土涼為輔郡亦已百載塔之感應不可殫紀然聽聞詳熟質之不謬者云嘗有欹仄每欲薦整至夕皆風雨大作四鄰但聞斧鑿聲質明塔已正矣如

陈：二十余年矣。大夏开国，奄有西土，凉为辅郡，亦已百载，塔之感应，不可殚纪。然听闻详熟，质之不谬者云：尝有敧仄，每欲荐整，至夕皆风雨大作，四邻但闻斧凿声，质明塔已正矣，如

史：二十余年矣。大夏开国，奄有西土，凉为辅郡，亦已百载。塔之感应，不可殚纪。然听闻详熟，质之不谬者，云：尝有敧仄，每欲荐整，至夕皆风雨大作，四邻但闻斧凿声，质明塔已正矣。如

二十餘年矣大夏開國奄
有西土涼為輔郡亦已百載塔
之感應不可殫紀□□聞□□
賀之不穀□云嘗都發夜□□
葺□至夕□風雨大作四隣
但聞斧鑿聲質明塔已正□

第七行

张：是者再。先后之朝，西羌梗边，寇乎凉土，是夕亦大雷电，于暝晦中上现瑞灯，羌人睹之，骇异而退。顷为南国失和，乘舆在驾，躬行薄伐，申命王人，稽首潜祷，故天兵累捷（缺）。

罗：是者再先后之朝西羌梗邊寇乎凉土是夕亦大雷電於冥晦中上現瑞燈羌人睹之駭異而退頃為南國失和乘輿再駕躬行薄伐申命王人稽首潛禱故天兵累捷蓋冥祐之者

陈：是者再。先后之朝，西羌梗边，寇乎凉土。是夕亦大雷电，于冥晦中，上现瑞灯，羌人睹之，骇异而退。顷为南国失和，乘與再驾，躬行薄伐，申命王人，稽首潜祷，故天兵累捷，盖冥祐之者。

史：是者再。先后之朝，西羌梗边。寇乎凉土，是夕亦大雷电，于冥晦中上现瑞灯。羌人睹之骇异而退。顷为南国失和，乘與再驾，躬行薄伐，申明王人，稽首潜祷，故天兵累捷。盖冥祐之者。

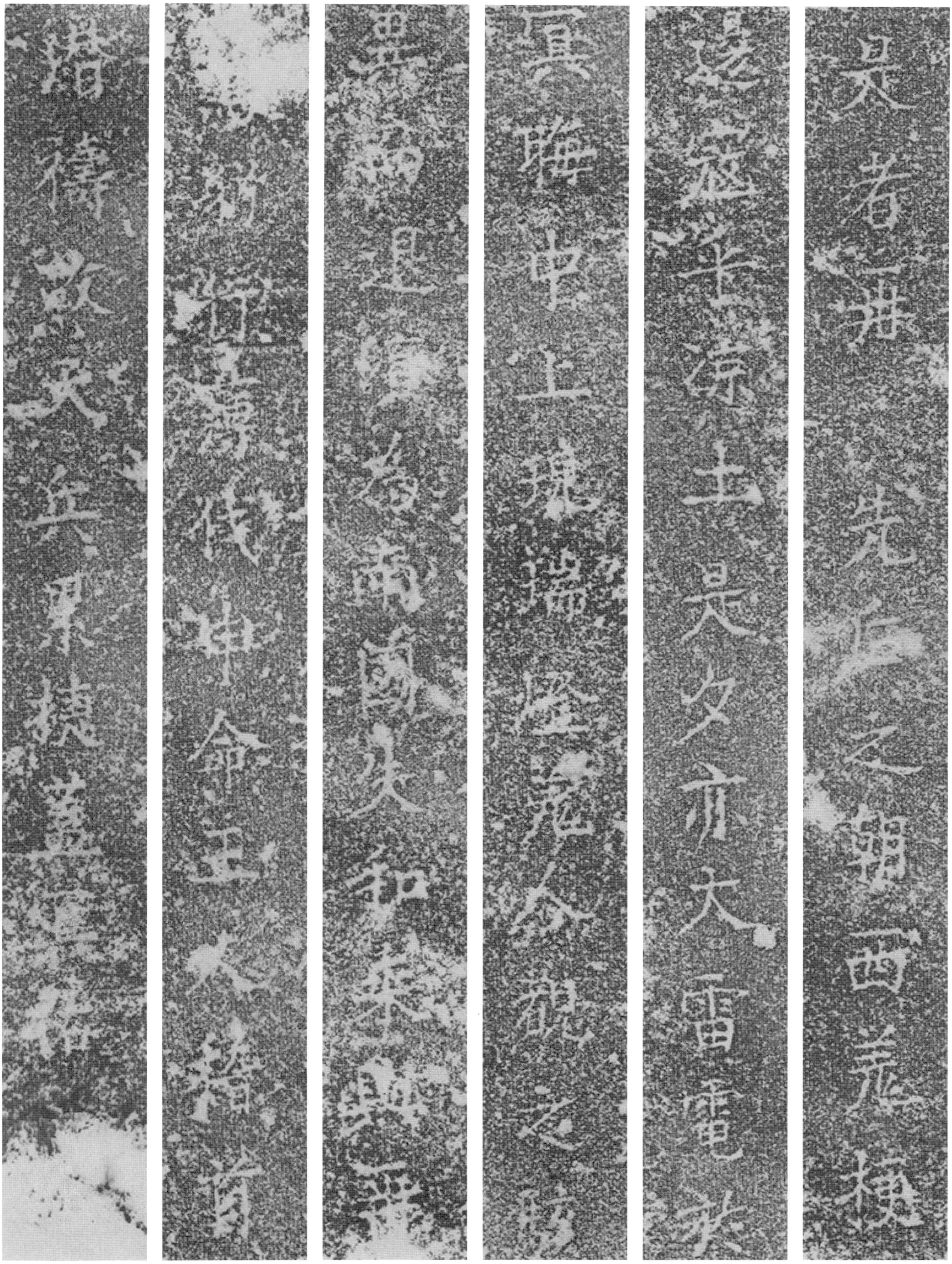

第八行

张：矣前年冬，凉州地大震，因又欹仄。守臣露章，具列厥事，诏命营治，鸠工未集，还复自正。今二圣临御，述继先烈，文昭武肃，内外大治。天下禋祀，必庄心敬，宗庙祭享，以时以（缺）

罗：矣前年冬凉州地大震因又欹仄守臣露章具列厥事詔命營治鳩工未集還復自正今二聖臨御述継先烈文昭武肅内外大治天地禋祀必莊必敬宗廟祭享以時以思至於

陈：矣前年冬，凉州地大震，因又欹仄。守臣露章，具列厥事，诏命营治，鸠工未集，还复自正。今二圣临御，述继先烈，文昭武肃，内外大治。天地禋祀，必庄必敬，宗庙祭享，以时以思。至于

史：矣前年冬，凉州地大震。因又欹仄，守臣露章具列厥事。诏命营治，鸠工未集，还复自正。今二圣临御，述继先烈，文昭武肃，内外大治。天地禋祀，必庄必敬，宗庙祭享，以时以思。至于

矣前年冬涼州地大震因又
欹仄守臣露章具列厥事詔
命營治鳩工未集還復自正今
二聖臨御述繼先烈文昭武
肅內外大治天地禋祀必莊必
敬宗廟祭享以時以思

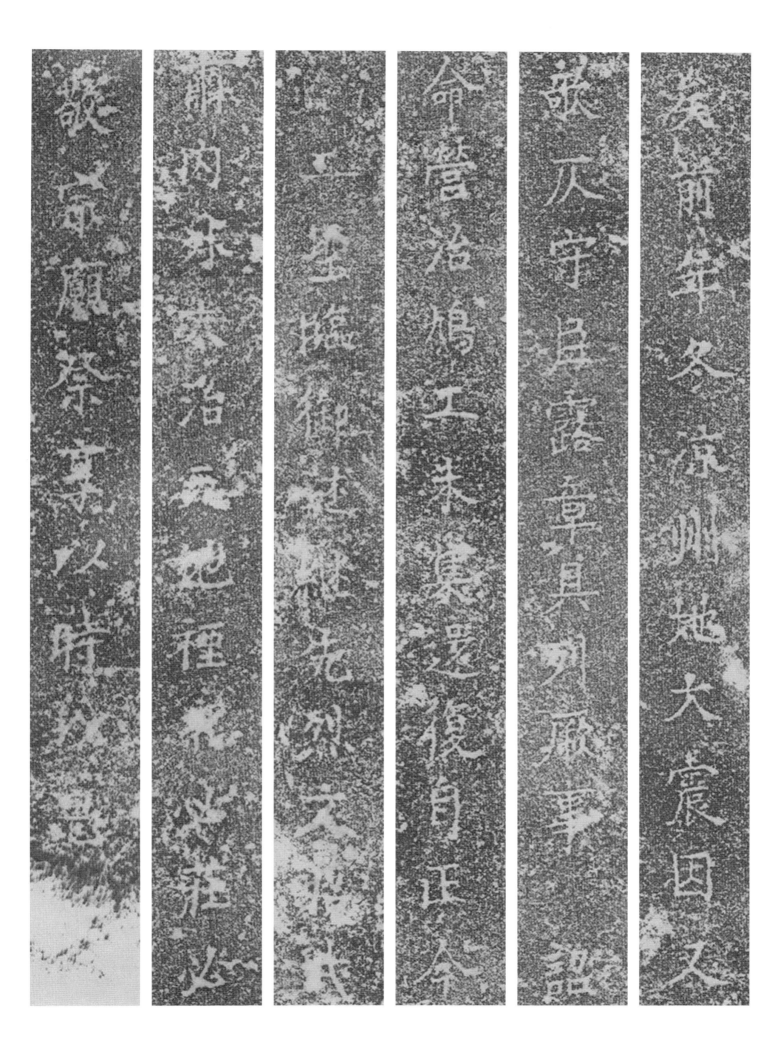

第九行

张：

释尤所崇奉。近自畿甸，远及荒要，山林蹊谷，村落坊聚，佛宇遗址，只椽片瓦，但髣髴有存者，无不必葺；况名迹显敞，古今不泯者乎。勅建是塔，旋采前后灵应，遂命增饰。于（缺）

罗：

釋教尤所崇奉近自畿甸遠及荒要山林磎谷村落坊聚佛宇遺址隻椽片瓦但髣髴有存者無不必葺況名迹顯敞古今不泯者乎故將是塔旌乎前後靈應遂命增飾於是衆匠

陈：

释教，尤所崇奉，近自畿甸，远及荒要，山林溪谷，村落坊聚，佛宇遗址，只椽片瓦，但仿佛有存者，无不必葺，况名迹显敞，古今不泯者乎。故将是塔，旌乎前后灵应，遂命增饰。于是，众匠

史：

释教，尤所崇奉。近自畿甸，远及荒要，山林溪谷，村落坊聚，佛宇遗址，只椽片瓦，但仿佛有存者，无不必葺，况名迹显敞，古今不泯者乎？故将是塔旌乎前后灵应，遂命增饰。于是众匠

[illegible]發光所崇華逝自纖角逮
及荒要山林嶸谷村落坊聚
佛宇遺址舊像有石但鬆歸有
存者無[illegible]尊像名迹[illegible][illegible]
命[illegible]民年敢將長埋[illegible]年
前後靈感迹命增修存焉

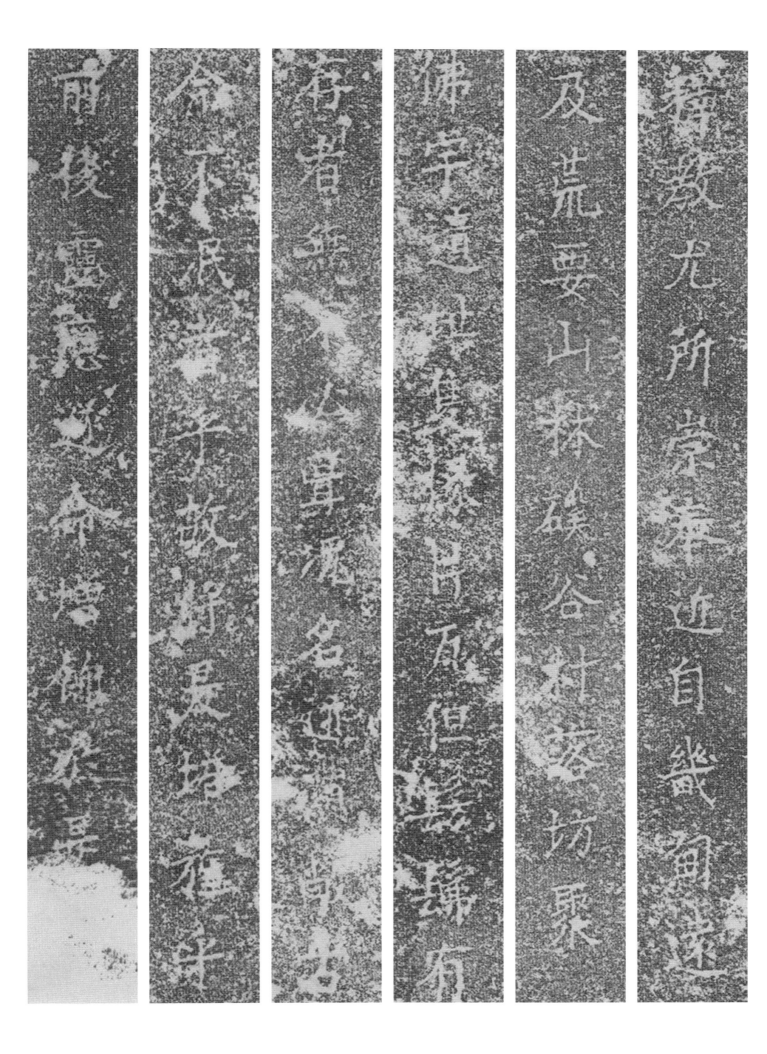

第十行

张：

率职百工效技，圬者、绘者，是墁是饰。丹雘具设，金碧相间，辉耀日月，焕然如新。丽矣壮矣，莫能名状。况武威当四衢
地，车辙马迹，辐凑交会，日有千数；故憧憧之人，无不

罗：

率職百工效技杇者績者是墁是飾丹雘具設金碧相間輝耀日月煥然如新麗矣壯矣莫能名
狀況武威當四衝地車轍馬迹輻湊交會日有千數故憧憧之人無不瞻禮隨喜無不

陈：

率职，百工效技，杇者缋者，是墁是饰，丹雘具设，金碧相间，辉耀日月，焕然如新，丽矣壮矣，莫能名状。况武威当四冲
地，车辙马迹，辐凑交会，日有千数，故憧憧之人，无不瞻礼随喜，无不

史：

率职，百工效技，杇者缋者，是墁是饰，丹雘具设，金碧相间，辉耀日月，焕然如新，丽矣壮矣，莫能名状。况武威当四衢
地，车辙马迹，辐辏交会，日有千数。故憧憧之人，无不瞻礼随喜，无不

藝職百工效技者者績者者莫

雘是飾丹雘具設金碧相間輝

耀日月夭映新麗妾壯奐莫

能名狀既成[illegible]雷巳[illegible][illegible][illegible]

爲題額泰去爲日有年數歲

植櫨之久無不歸依途

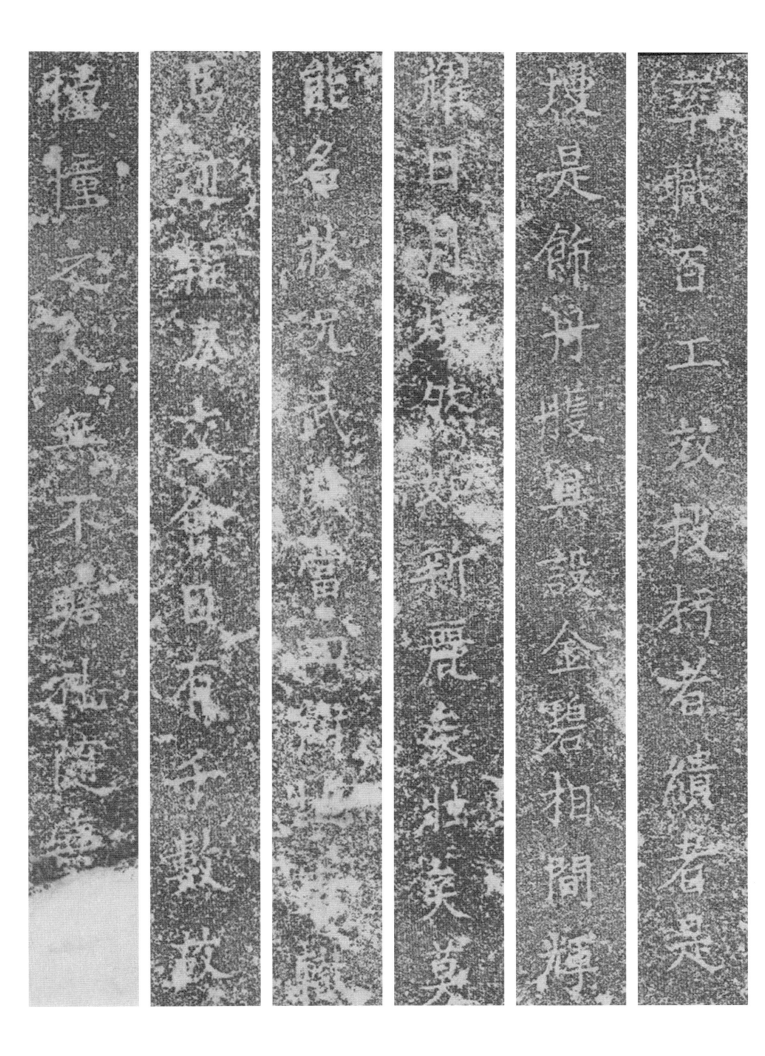

第十一行

张：

瞻视（缺）信也。兹我二后，发菩提心，大作佛事，兴无边胜利，接引聋瞽，日有饶益，巍巍堂堂，真所谓慈航巨照者矣。异哉，佛之去世，岁月浸远，其教散漫，宗尚各异。然奉之者无不（缺）

罗：

信也兹我二聖發菩提心大作佛事興無邊勝利接引聾瞽日有饒益巍巍堂堂真所謂慈航巨照者矣異哉　佛之出世歲月寖遠其教散漫宗尚各異然奉之者無不尊重讚

陈：

信也。兹我二圣，发菩提心，大作佛事，兴无边胜利，接引聋瞽，日有饶益，巍巍堂堂，真所谓兹航巨照者矣，异哉。佛之去世，岁月浸远，其教散漫，宗尚各异，然奉之者，无不尊重赞

史：

信也。兹我二圣发菩提心，大作佛事，兴无边胜利，接引聋瞽，日有饶轻，巍巍堂堂，真所谓慈航巨照者矣。异哉！佛之去世，岁月浸远，其教散漫，宗尚各异。然奉之者，无不尊重赞

信毫云哉　上聖發菩提心
大猷　佛事興無邊勝利接引
聾瞽日有覩盈[illegible]瑰璧皇真所
讀該瓶臣非者後[illegible]藏[illegible]備[illegible]
士[illegible]歲月[illegible]速重致敬[illegible]宗
尚[illegible]量[illegible]奉之者[illegible][illegible]暨

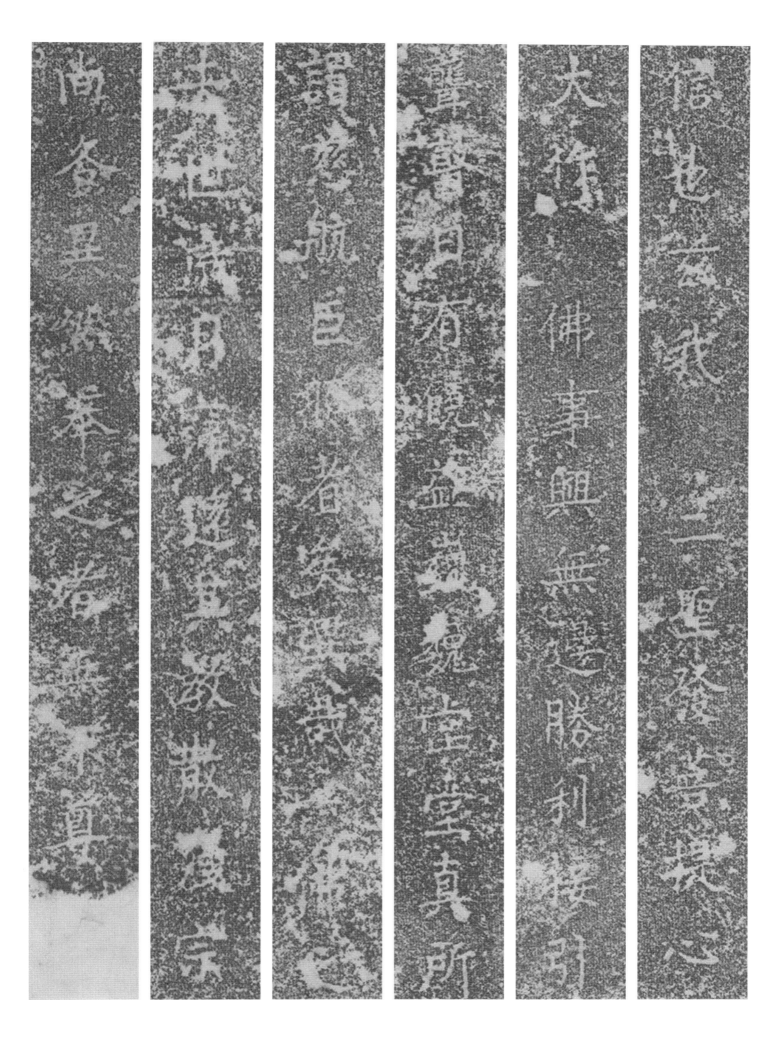

第十二行

张：

叹，虽凶狠庸愚，亦大敬信，况宿习智慧者哉。所以七宝妆严，为塔为庙者有矣；木石瓴甓，为塔为庙者有矣；熔金彩绘，泥土沙砾，无不为之。故浮图梵刹，遍满天下，然灵应昭感（缺）

罗：

嘆雖兇很庸愚亦大敬信況宿習智慧者哉所以七寶粧嚴為塔為廟者有矣木石瓴甓為塔為廟者有矣鎔塑彩繢泥土沙礫無不為之故浮圖梵剎遍滿天下然靈應昭然如茲 之

陈：

叹，虽凶很（狠）庸愚，亦大敬信，况宿习智慧者哉。所以七宝妆严，为塔为庙者有矣；木石瓴甓，为塔为庙者有矣；熔塑彩缋，泥土沙砾，无不为之，故浮图梵刹，遍满天下。然灵应昭然，如兹之

史：

叹，虽凶狠庸愚，亦大敬信，况宿习智慧者哉？所以七宝妆严，为塔为庙者有矣；木石瓴甓，为塔为庙者有矣；镕塑彩缋，泥土沙砾，无不为之。故浮图梵刹，遍满天下。然灵应昭然如兹之

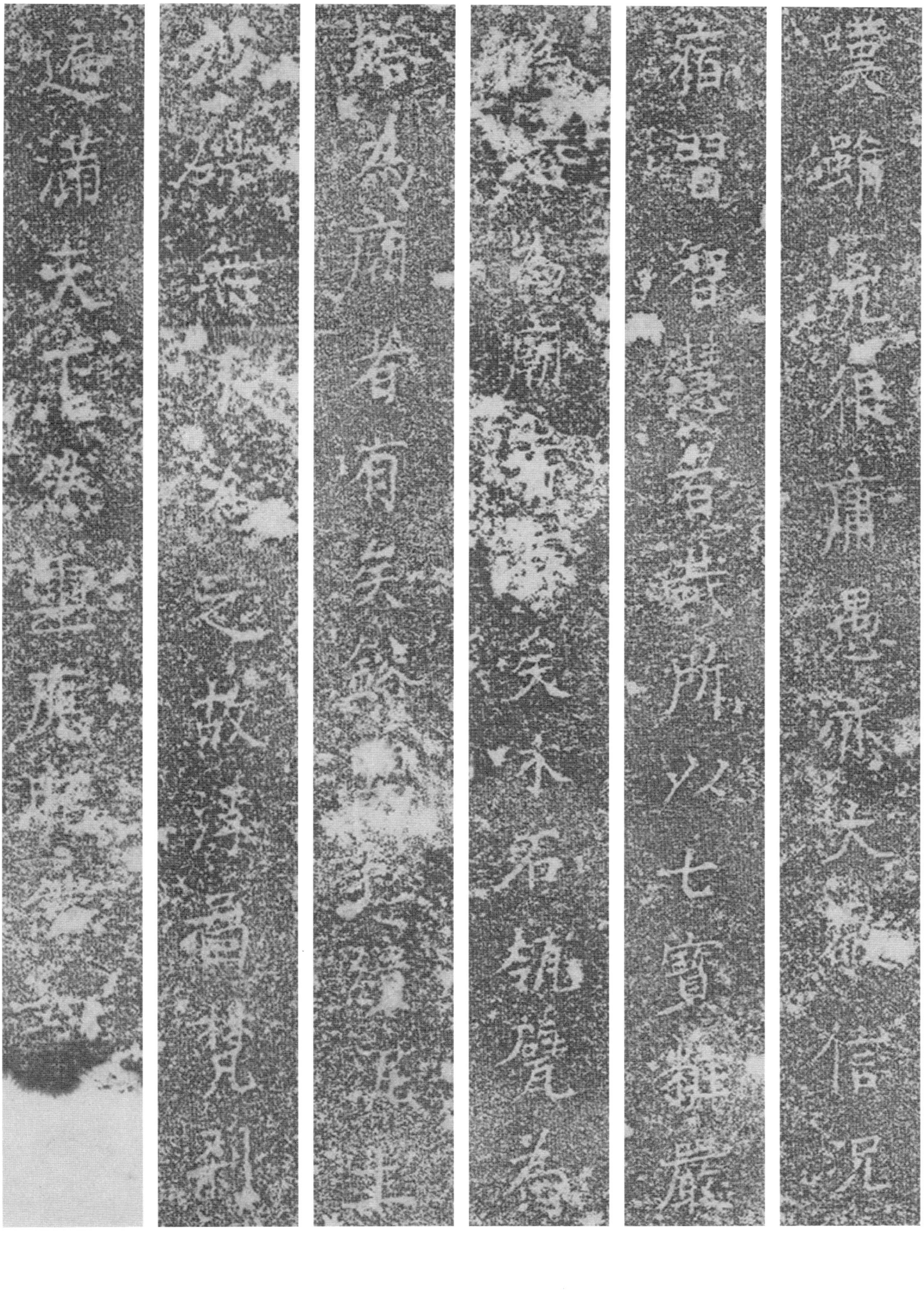
所以七寶莊嚴
信況
痛者有矣
矣不名能覺者
之故

第十三行

张：

特异者，未之闻也。岂佛之威力，独享于此耶；岂神灵拥佑，有所偏耶。不然，则我大夏植福深厚，二圣诚德诚感之所致也。
营饰之事，起癸酉岁六月，至甲午岁正月厥功（缺）

罗：

特異者未之聞也豈　佛之威力獨厚於此耶豈神靈擁祐有所偏耶不然則我大夏植福深厚
二聖誠德誠感之所甲戌致也營飾之事起癸酉歲六月至歲正月厥功告畢其月

陈：

特异者，未之闻也。岂佛之威力独厚于此耶？岂神灵拥祐有所偏耶？不然，则我大夏，植福深厚，二圣诚德诚感之所致也。
营饰之事，起癸酉岁六月，至甲戌岁正月，厥功告毕。其月

史：

特异者，未之闻也。岂佛之威力独厚于此耶？岂神灵拥祐有所偏耶？不然则我大厦植福深厚，二圣诚德诚感之所致也。营饰
之事起癸酉岁六月至甲戌岁正月，厥功告毕，其月

特異者未之聞也嘗[illegible]佛之

廣功獨厚於此耶豈神靈擁祐

宥[illegible][illegible][illegible]祭則[illegible]夏祖福

深厚二聖謙德誠感之致

矣也營建之事起於癸酉歲六月

至甲戌歲六月厥功告畢

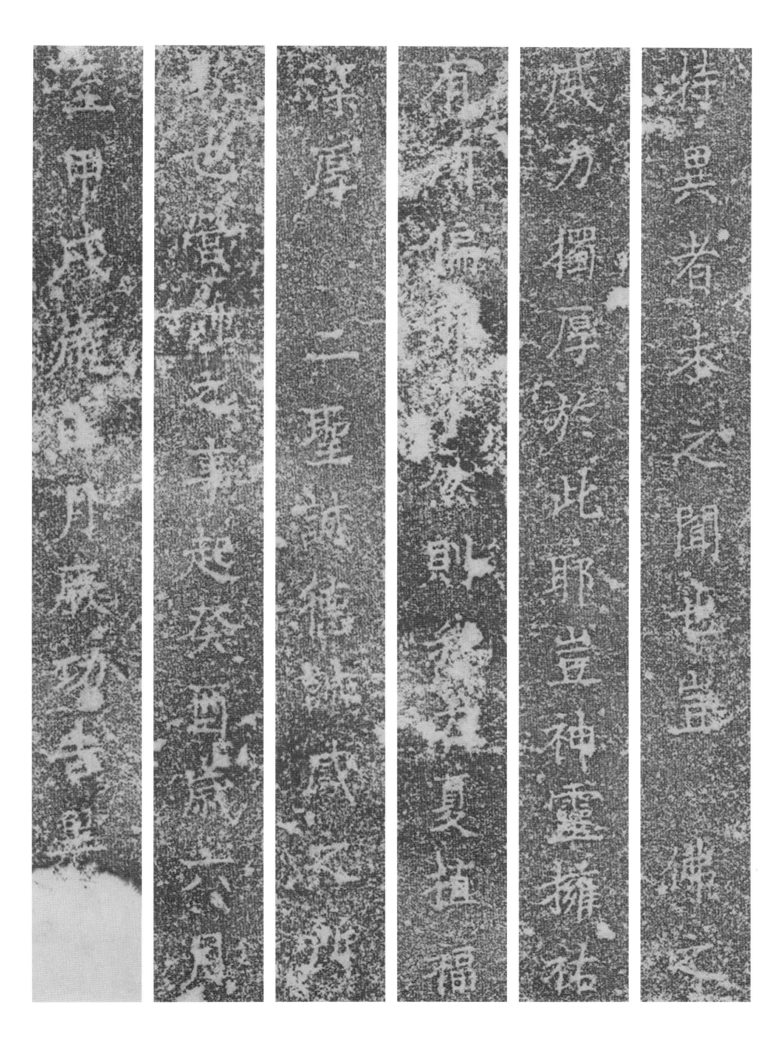

第十四行

张：

十五日，诏命庆赞。于是用鸣法鼓，广集有缘，兼启法筵，普利群品。仍饭僧人一会度僧三十八人，曲赦殊死罪五十四人，以旌能事。特赐黄金一十五两，白金五十两，衣著罗（缺）

罗：

十五日　詔命慶讚於是用鳴法鼓廣集有緣兼啓法筵普利群品仍飾僧一大會度僧三十八人曲赦殊死罪五十四人以旌能事特賜黄金一十五兩白金五十兩衣著羅帛六十

陈：

十五日，诏命庆赞，于是用鸣法鼓，广集有缘，兼启法筵，普利群品，仍饰僧一大会，度僧三十八人，曲赦殊死罪五十四人，以旌能事。特赐黄金一十五两，白金五十两，衣著罗帛六十

史：

十五日。诏命庆赞，于是用鸣法鼓，广集有缘，兼起法筵，普利群品，仍饭僧一大会，度僧三十八人，曲赦殊死罪五十四人，以旌能事。特赐黄金一十五两，白金五十两，衣著罗帛六十

十五日□勑僉慶□恭表用
鳴□哉廣集有緣□路法延□
剜□□□□僧一大寂僧三
十八大曲赦□□□十四□
□痿能畢持賜黃金□十五
兩白金五十兩衣□□□

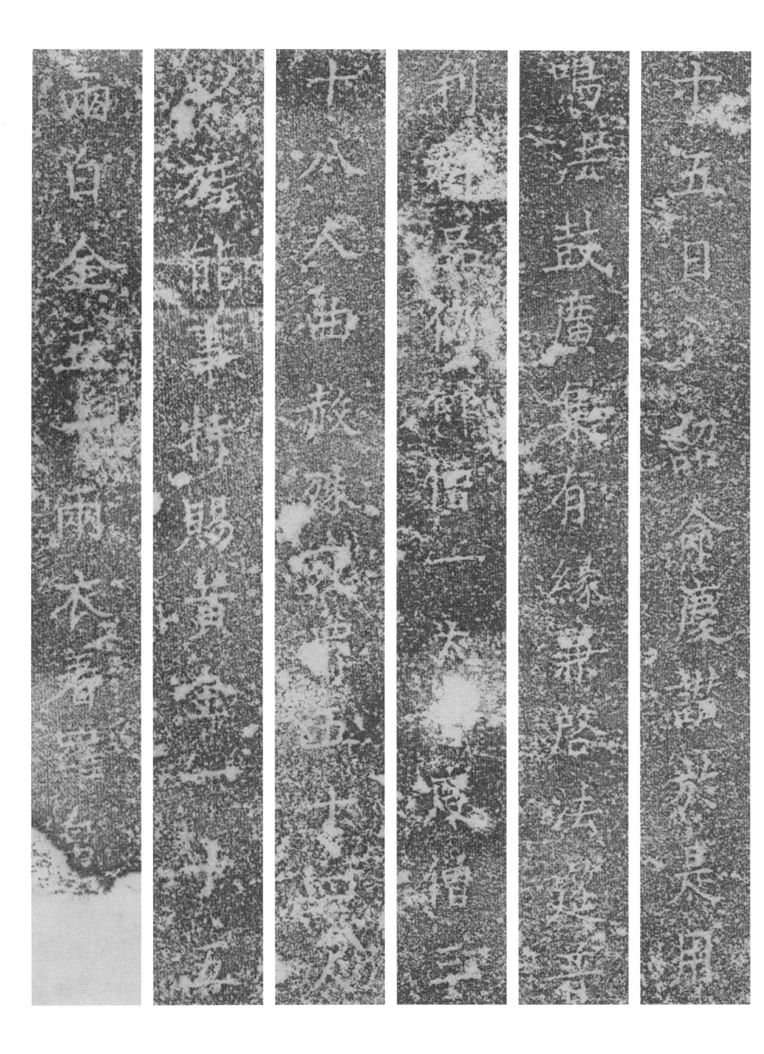

第十五行

张：

段罗锦杂幡七十对，钱一千缗，用为佛常住。又赐钱千缗、谷千斛、官作四户，充番汉僧常住，俾晨昏香火者有所资焉，一时斋者有所取焉。至如殿宇廊庑、僧坊禅窟支颓（缺）

罗：

段羅錦雜幡七十對錢一千緡用為佛常住又賜錢千緡穀千斛官作四户充番漢僧常住俾晨昏香火者有所資焉二時齋粥者有所取焉至如殿宇廊廡僧房禪窟支頹補□□

陈：

段，罗锦杂幡七十对，钱一千缗，用为佛常住。又赐钱千缗，谷千斛，官作四户，充番汉僧常住，俾晨昏香火者有所资焉，二是斋粥者有所取焉。至如殿宇廊庑，僧坊禅窟，支颓补□□

史：

段，罗锦杂幡七十对，钱一千缗，用为佛常住。又赐钱千缗，谷千斛，官作四户，充番汉僧常住，俾晨昏香火者有所资焉，二是斋粥者有所取焉。至如殿宇廊庑，僧房禅窟，支颓补，

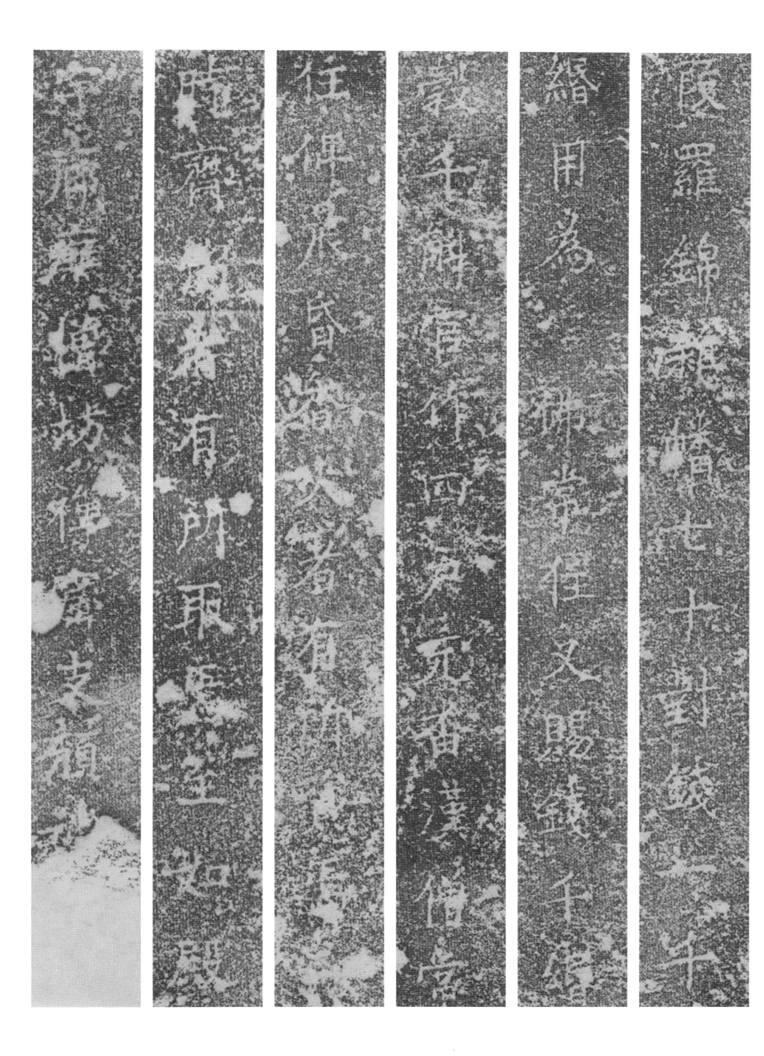

陵羅錦纈繡七十對錢一千

緡用為佛寺住又賜錢千緡

歲壬辭宿年四月充當漢僧官

任僧錄旨諭公者有御賞賚

睦齋嘉者有所取無至如殿

守師舞盧坊僧窟支領

第十六行

张：

一物之用者无不仰给焉，故所须不匮，而福亦无量也。乃诏群臣，俾述梗概，臣等奉诏，时不获让，抽毫持思，谨为之铭，

其词曰：

罗：

一物之用者無不仰給焉故所須不匱而福亦無量也乃　詔辭臣俾述梗槩臣等奉　詔辭不

獲讓抽毫抒思謹為之銘其詞曰

陈：

一物之用者，无不仰给焉，故所须不匮，而福亦无量也。乃诏辞臣，俾述梗概。臣等奉诏，辞不获让，抽毫抒思，谨为之铭，

其词曰：

史：

一物之用者，无不仰给焉，故所须不匮，而福亦无量也。乃诏辞臣，俾述梗概。臣等奉诏，辞不获让，抽毫抒思，谨为之铭。

其词曰：

一物之用者無不備焉故
所須不匱命爲亓無量也乃
詔宰臣律達禮樂品等峯詔
饒不獲讓抽妻[illegible]奧龍[illegible][illegible]僉
其副[illegible]

第十七行

张：

巍巍宝塔，肇基阿育。以因缘故，兴无量福。奉安舍利，妆严具足。历载逾千，废置莫录。西凉称制，王曰张轨。营治宫室，适当遗迹。天锡嗣世，

罗：

巍巍寶塔 肇基阿育以因緣故 興無量福奉安舍利 粧嚴具足 歷載逾千 廢置莫録 西凉稱制 王曰張軌 營治宫室 適當遺址 天錫嗣世

陈：

巍巍宝塔，肇基阿育，以因缘故，兴无量福，奉安舍利，妆严具足，历载逾千，废置莫录。西凉称制，王曰张轨，营治宫室，适当遗址，天赐嗣世，

史：

巍巍宝塔 肇基阿育 以因缘故 兴无量福 奉安舍利 庄严具足 历载逾千 废置莫录 西凉称制 王曰张轨 营治宫室 适当遗址 天锡嗣世

□巍巍寶坊，肇基阿育
乃因緣數與無量福奉
安舍利莊嚴具足歷載逾
千廢置莫錄。西京孫□
至回乘輿□□治宮袁□遊
當遺址□文錫嗣也

第十八行

张：

灵瑞数起。应感既彰，塔复宫毁。大夏开国，奄有凉土。塔之祥异，不可悉数。尝闻欹仄，神助风雨。每自正焉，得未曾睹。
先后临朝，羌犯凉境。

罗：

靈瑞數起 應感既彰 塔復宮毀 大夏開國 奄有涼土 塔之祥異 不可悉數 嘗聞
欹仄 神助風雨 每自正焉 得未曾覩 先后臨朝 羌犯涼境

陈：

灵瑞数起，应感既彰，塔复宫毁。大夏开国，奄有凉土。塔之祥异，不可悉数。尝闻欹仄，神助风雨，每自正焉，得未曾睹。
先后临朝，羌犯凉境，

史：

灵瑞数起 应感既彰 塔复宫毁 大夏开国 奄有凉土 塔之祥异 不可悉数 尝闻欹仄 神助风雨 每自正焉 得未曾睹
先后临朝 羌犯凉境

靈瑞數起 [illegible] 感既彰

塔復當興 大夏開國奄

有西土 塔之祥異不可悉

數 [illegible] 年間敵人 神助風雨

每自 [illegible]

后臨朝 羌犯涼 [illegible]

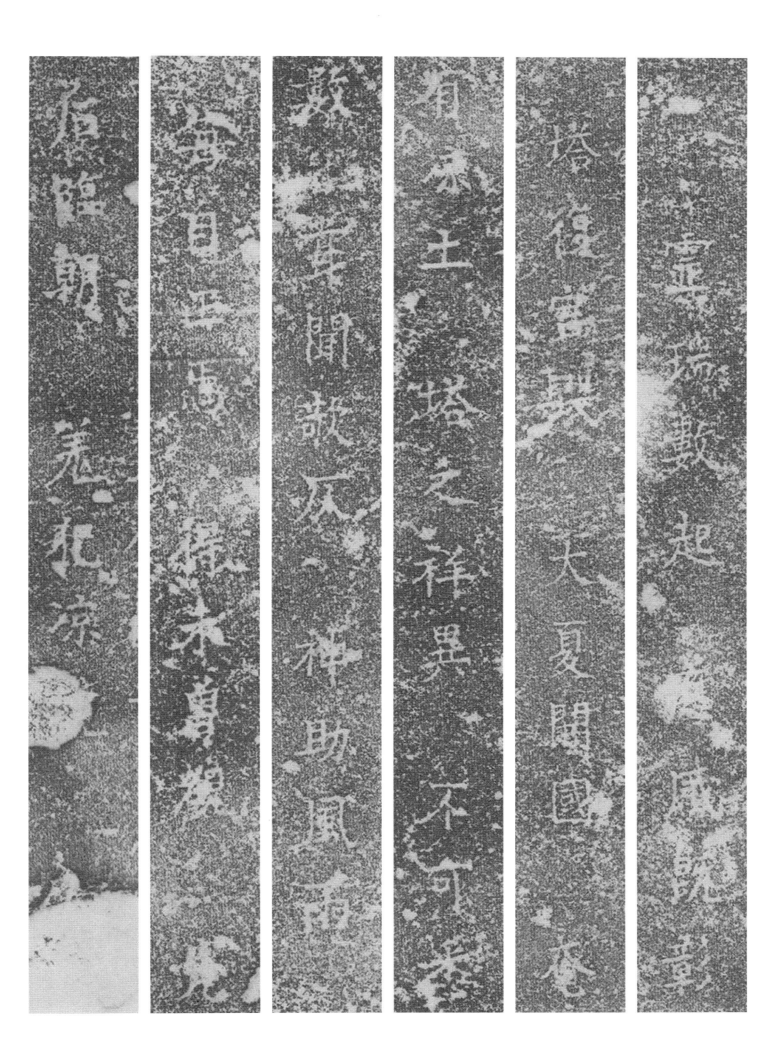

第十九行

张：

亦有雷电，暴作昏暝。灯现煌煌，炳灵彰圣。寇戎骇异，收迹潜屏。南服不庭，乘舆再讨。前命星使，恭有祈祷。我武既扬，果闻捷报。盖资冥祐，

罗：

亦有雷電 暴作昏暝 燈現煌煌 炳靈彰聖 寇戎駭異 收迹潛屏 南服不庭 乘輿再討 前命星使 恭有祈禱 我武既揚 果聞捷報 蓋資冥祐

陈：

亦有雷电，暴作昏暝，灯现煌煌，炳灵彰圣，寇戎骇异，收迹潜屏。南服不庭，乘舆再讨，前命星使，恭有祈祷，我武既扬，果闻捷报，盖资冥祐

史：

亦有雷电 暴作昏暝 灯现煌煌 炳灵彰圣 寇戎骇异 收迹潜屏 南服不庭 乘舆再讨 前命星使 恭有祈祷 我武既扬 果闻捷报 盖资冥祐

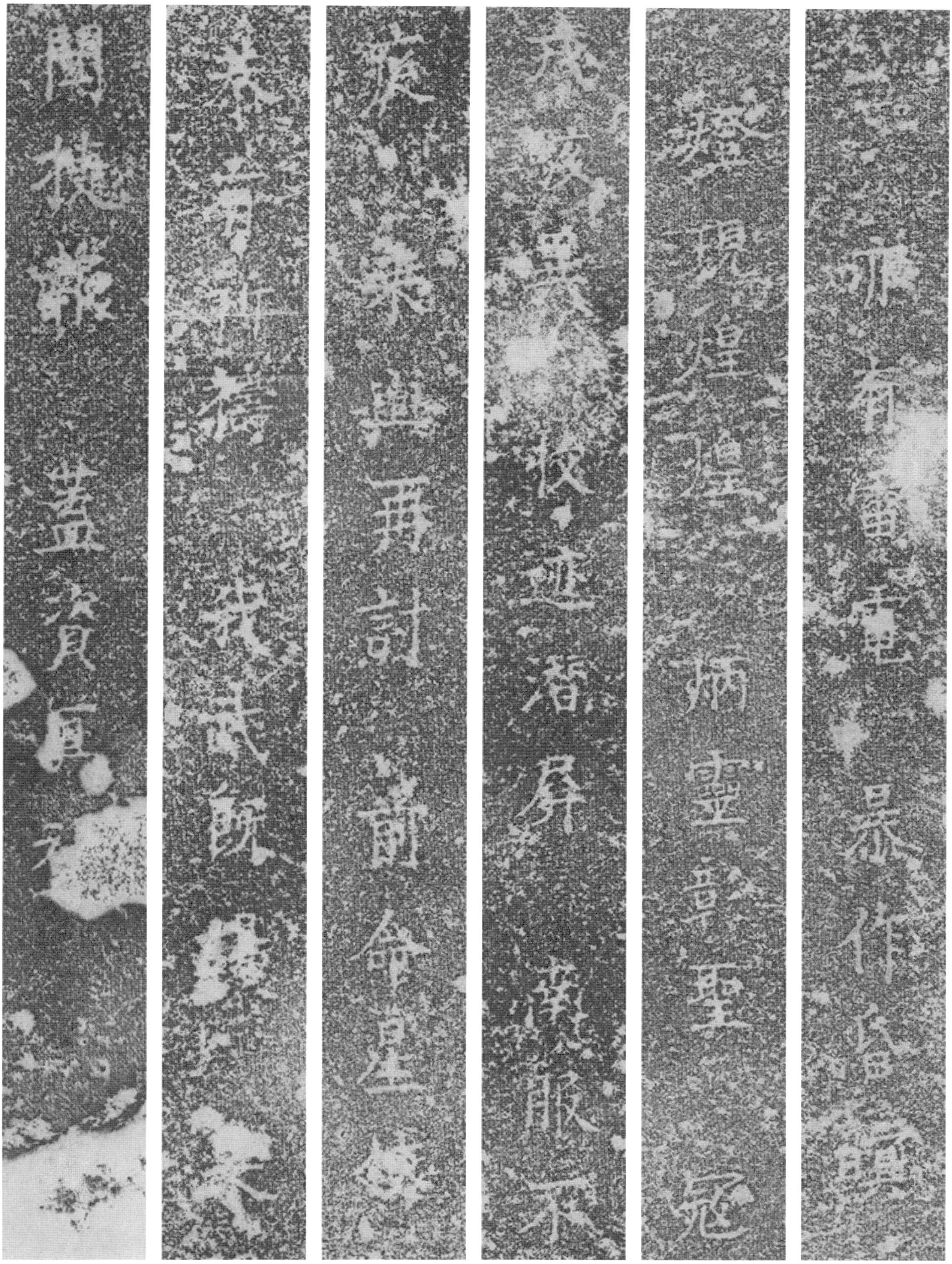
現煌煌
炳靈章聖
與再討
前命星
收迹潜屏
亂散不
盖

第二十行

张：

助乎有道。况属前冬，壬申岁直。武威地震，塔又震仄。凌云势挠，欲治工倍。龙天护寺，何假人力。二圣钦崇，再诏营治。
圬者绘者，罔有不备。

罗：

助乎有道　况屬前冬　壬申歲直　武威地震　塔又震仄　凌雲勢撓　欲治工億
龍天護持　何假人力　二聖欽崇　再詔營治　杇者繢者　罔有不備

陈：

助乎有道。况属前冬，壬申岁直，武威地震，塔又震仄，凌去势挠，欲治工亿，龙天护持，何假人力。二圣钦崇，再诏营治，
杇者缋者，罔有不备，

史：

助乎有道　况属前冬　壬申岁直　武威地震　塔又震仄　凌云势挠　欲治工亿　龙天护持　何假人力　二圣钦崇　再诏营治
杇者缋者　凤有不备

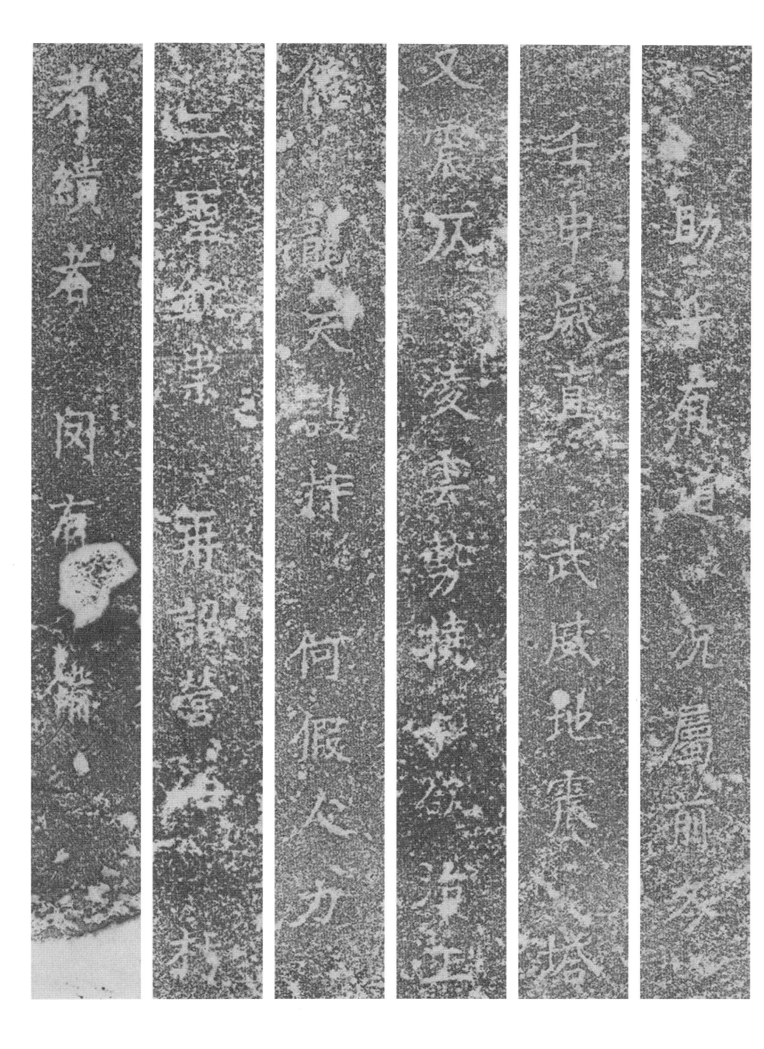

助乎康道况屬兩多

壬申歲直武威地震大塔

又震瓦凌雲勢撓欲海墜

儻龍天護持何假人力

也聖衆崇之再譽營造材

有績著閩布儞

第二十一行

张：

五彩复焕，金碧增丽。旧物惟新，所谓胜利。我后我皇，累叶重光。虔奉竺典，必恭必庄。诚因内积，胜利外彰。觉皇妙荫，万寿无疆。

罗：

五彩復煥　金碧增麗　舊物惟新　所謂勝利　我后我皇　累葉重光　虔奉竺典　必恭必莊　誠因內積　勝果外彰　覺皇妙蔭　万壽無疆

陈：

五彩复焕，金碧增丽，旧物惟新，所谓胜利，我后我皇，累叶重光，虔奉竺典，必恭必庄，诚因内积，胜果累彰，觉皇妙荫，万寿无疆。

史：

五彩复焕　金碧增丽　旧物惟新　所谓胜利　我后我皇　累叶重光　虔奉竺典　必恭必庄　诚因内积　胜果外彰　觉皇妙荫　万寿无疆

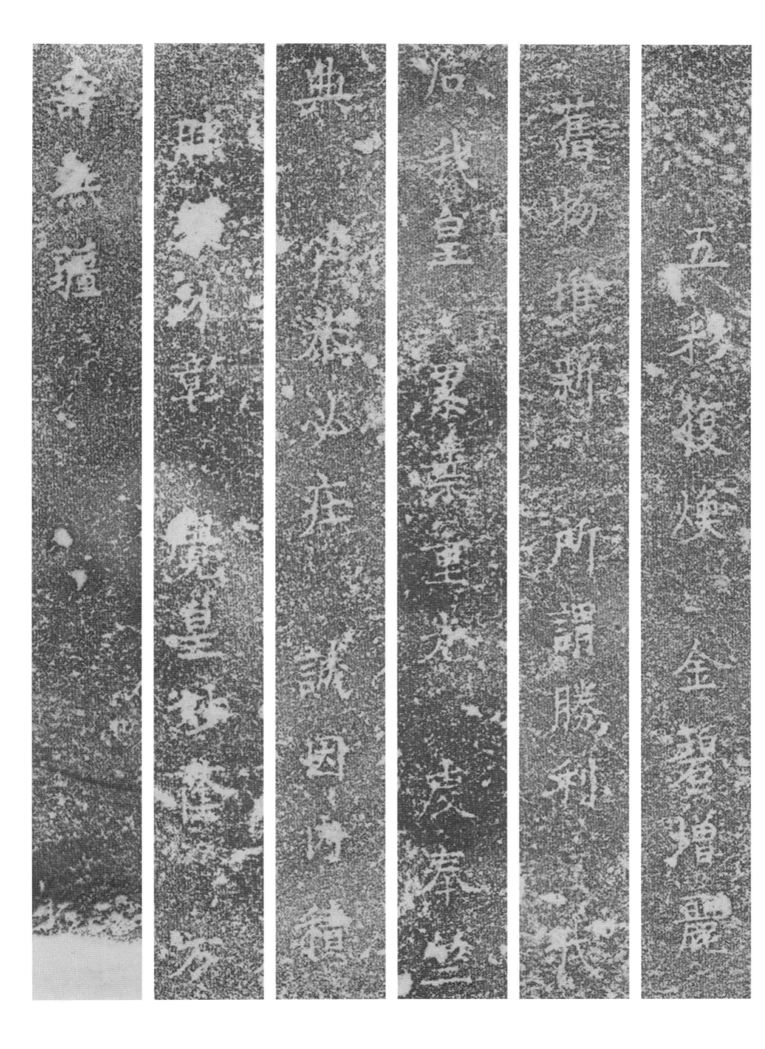

五彩復煥　金碧增嚴

舊物維新　所謂勝利我

佑我皇　圖鞏皇基度奉竺

典虔來必在誠因時領

興　永乾　處皇圖鞏方

壽無疆

第二十二行

张：

天祐民安五年岁次甲戌正月甲戌朔十五戊子建书番碑，旌讹典集冷批浑嵬名遇供写，南北章表张政思书并篆额。石匠人员韦移崖任遇子（缺）

罗：

天祐民安五年歲次甲戌正月甲戌朔十五日戊子建　書番碑旌記典集冷批渾嵬名遇供寫南北章表張政思書并篆額石匠人員韋移移崖任遇子康狗□

陈：

天祐民安五年岁次甲戌正月甲戌朔十五日戊子建，书番碑旌记典集令批浑嵬名迂，供写南北章表张政思书并篆额，石匠人员韦移崖崖、任迂子、康（名），

史：

天祐民安五年岁次甲戌正月甲戌朔十五日戊子建，书番碑旌记典集冷批浑嵬名遇，供写南北章表张政思书并篆额，石匠人员韦移移崖、任遇子、康狗□。

天祐民安五
年歲次甲戌正月甲戌朔十五
日戊子建 書番碑旌□典
集令批渾嵬名遇供寫南
北章表張政思書并篆額□匠
人員韋移移崖任遇子康

第二十三行

张：

庆寺都大勾当铭赛正 挨黎臣梁行者乜，庆寺都大勾当卧则啰正兼顶直啰外母啰正律晶，赐绯僧卧屈皆庆寺监修都大勾当，三司正右厢孽祖乩介目埋笃皆庆寺监（缺）

罗：

慶寺都大勾當銘賚正嚷挨黎臣梁行耄慶寺都大勾當卧則囉正兼頂直囉外毋囉正律晶賜緋僧卧屈皆 慶寺監修都大勾當三司正右廂孽祖乩介臣埋篤皆 慶寺監修都大勾

陈：

庆寺都大勾当铭赛正嚷挨黎臣梁行者乜，庆寺都大勾当卧则啰正兼顶直啰、外母啰正律晶赐绯僧卧屈皆，庆寺监修都大勾当三司正右厢孽祖乩介臣埋笃皆，庆寺监修都大勾

史：

庆寺都大勾当铭赛正 挨黎臣梁行者乜，庆寺都大勾当卧则罗正兼顶直啰、外母罗正律晶赐徘僧卧屈皆，庆寺监修都大勾当三司正右厢孽祖乩介臣埋马皆，庆寺监修都大勾

慶寺都大勾當銘賽正嚷挨
黎臣梁行者乜慶寺都大勾當卧
則羅正兼頂直啰外母啰正律
晶賜緋僧酒居皆慶寺監修都
大勾當三司正右廂孽祖乩
介臣埋□□寺監修都

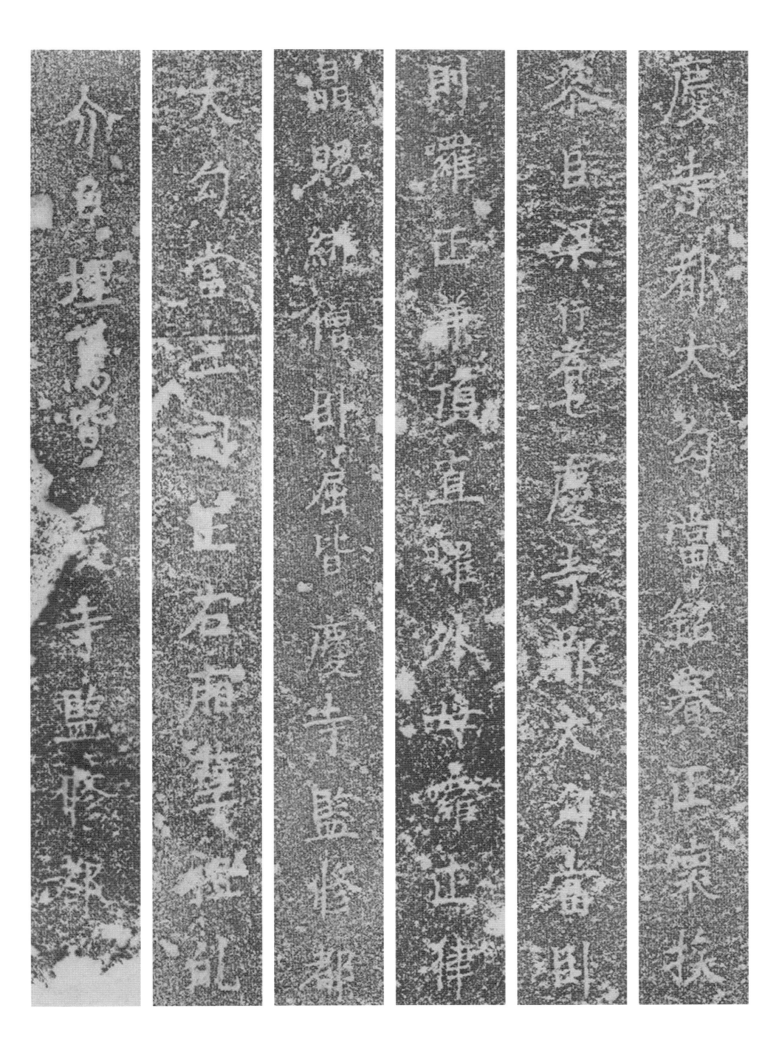

第二十四行

张：

当行（缺）三司正兼圣容感通塔两众提举律（缺）赐绯僧药乜永铨，修寺准备吴，行宫三司凑铭臣吴没兜，修塔寺小监行宫
三司正栗铭臣刘屈栗崖，修塔寺小监（缺）监感通塔汉众僧正

罗：

當行宫三司正兼聖容寺感通塔兩衆提擧律晶賜緋僧藥乜永詮修寺准備吴箇行宫三
司正湊銘臣吴没兜修塔寺小監行宫三司正栗銘臣劉屈栗崖修塔寺小監崇聖寺僧正

陈：

当行宫三司正兼圣容寺、感通塔两众提举律晶赐绯僧药乜永铨，修寺准备吴箇行宫三司正凑铭臣吴没兜，修塔寺小监行宫三
司正栗铭臣刘屈栗崖，修塔寺小监崇圣寺僧正

史：

当行宫三司正兼圣容寺感通塔两众提举律晶赐徘僧药乜永铨，修寺准备吴箇行宫三司正凑铭臣吴没兜，修塔寺小监行宫三司
正栗铭臣刘屈栗崖，修塔寺小监崇圣寺僧正

當有舊一司臣兼聖容寺感
通塔兩眾提舉律晶賜緋僧藥
乜永詮修崇寺僧吳審律宮
三司正秦銘晶吳及埋修塔寺
小虞衙宣十[illegible]正[illegible][illegible]臣[illegible]
御史臺修塔[illegible]盡崇聖寺[illegible]

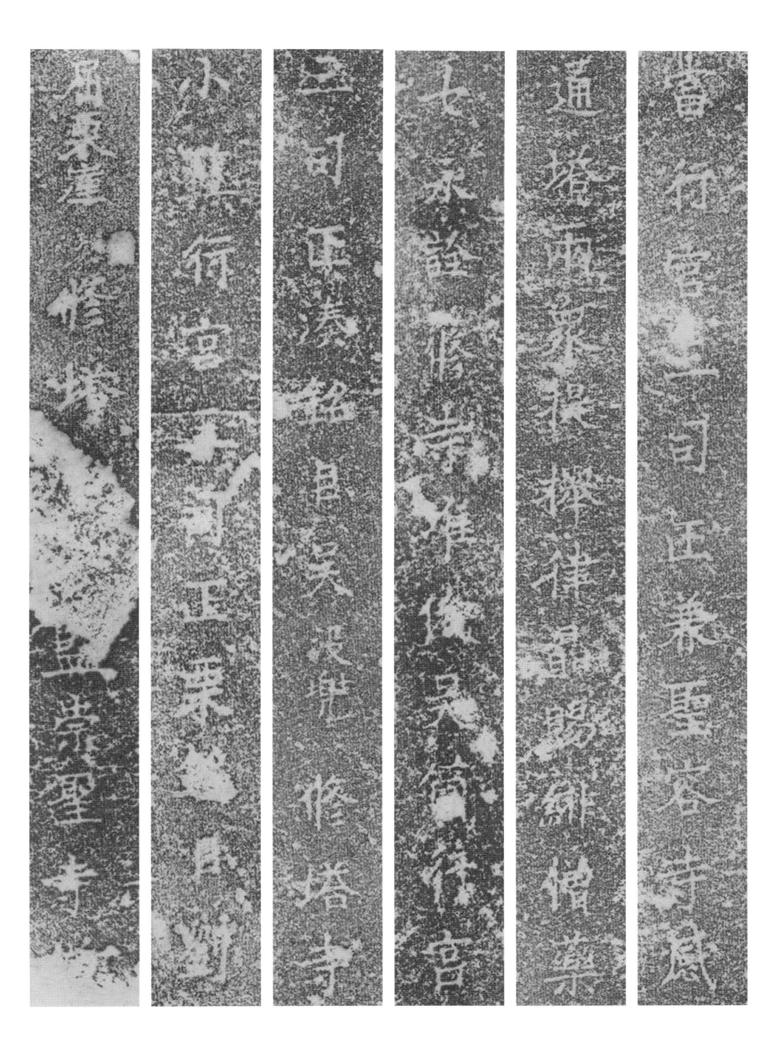

第二十五行

张：赐绯僧清修塔寺监石碑感通塔汉众僧副僧赐绯僧白（缺）

罗：賜緋僧令介成痝護國寺感通塔漢衆僧正賜緋僧酒智清修塔寺監石碑感通塔漢衆僧副
賜緋僧酒智宣修塔寺結瓦

陈：赐绯僧令介成，护国寺感通塔番汉四众提举赐绯僧王那征迂，修寺诸匠人监感通塔汉众僧正赐绯僧酒智清，修塔寺结瓦□□

史：赐绯僧令介成庞，护国寺感通塔番汉四众提举赐绯僧王那征遇，修寺诸匠人监感通塔汉众僧正赐绯僧酒智清，修塔寺监石碑
感通塔汉众僧副赐绯僧酒智宣，修塔寺结瓦□

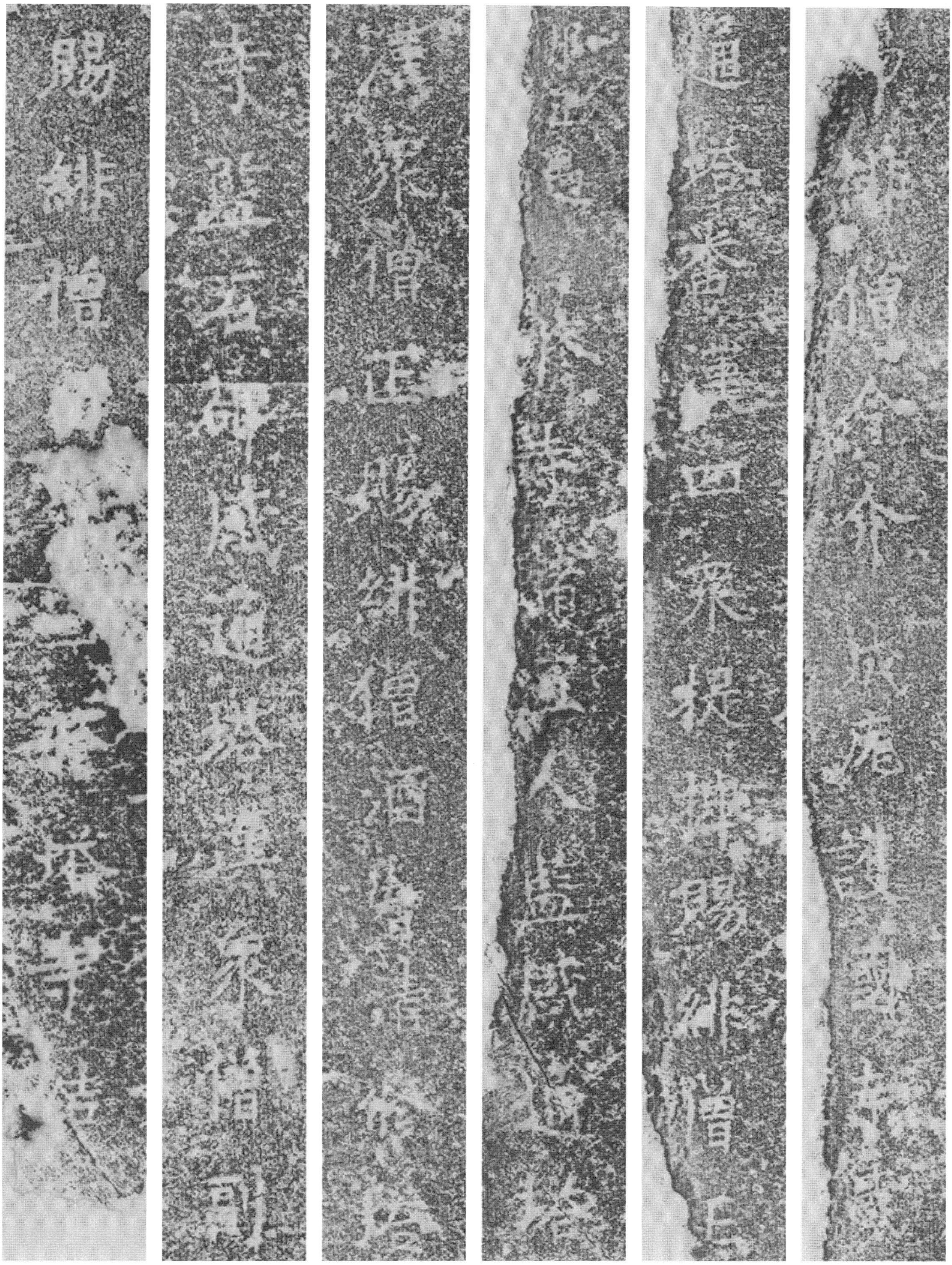

第二十六行

张：（第二十六行全缺）

罗：缺上劉狗兒石匠左支信口三鎚左口口王真孫都兒孫口都左口移左伴兄孫惹子般門缺下

陈：（上缺三十九字）刘儿，石匠左支信、邓三锤、左□□、王真、孙都儿、孙□都、左□移、左伴兄、孙惹子……

史：……刘狗儿，石匠左友信，叩三左□□，王真，孙都儿，孙乞都，左□移，左伴兄，孙惹子，般门……

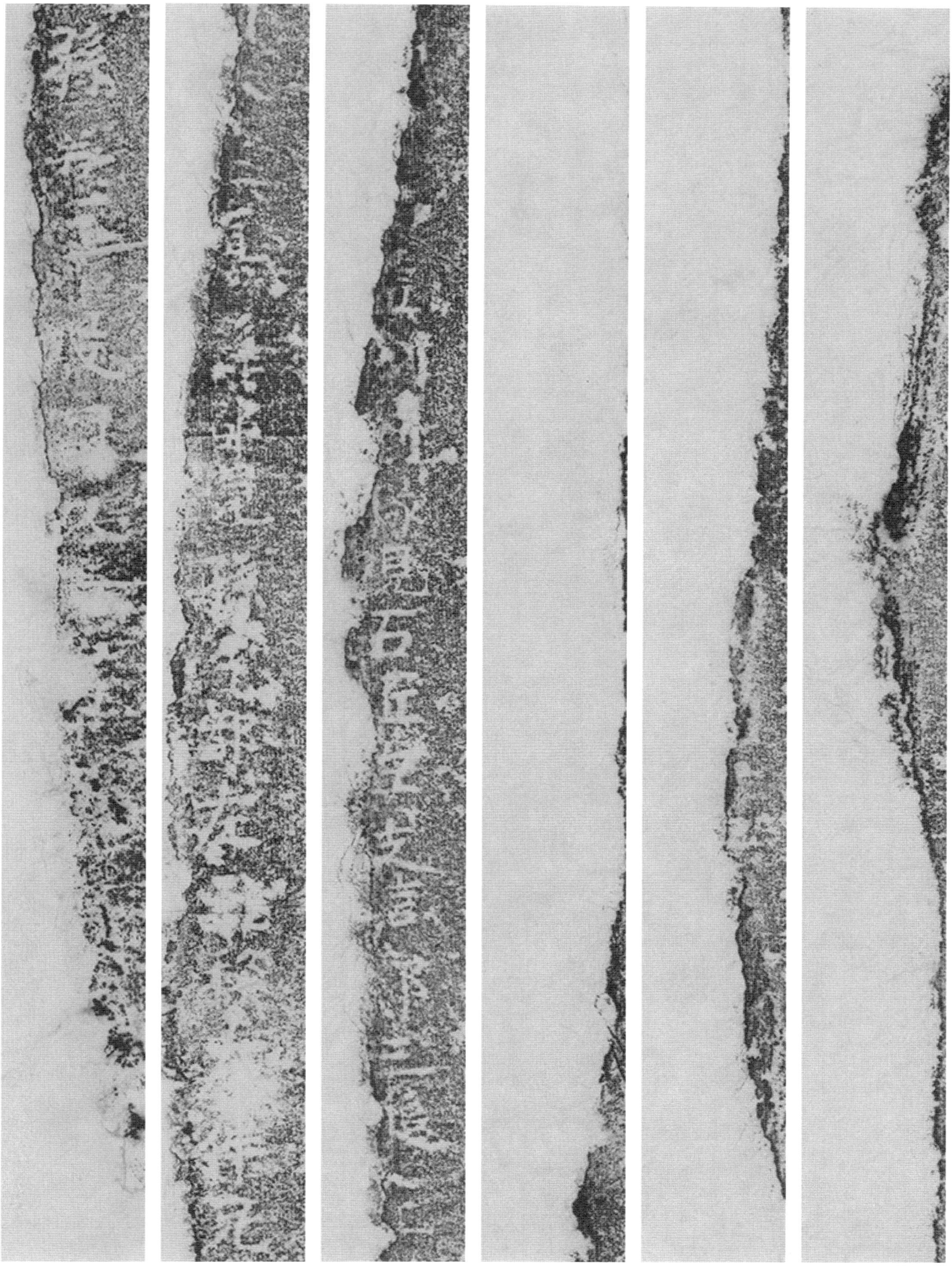

附录

西夏文字的主要结构特征

西夏文字如汉字，以偏旁部首组合而成，构成上分为两大类：单纯字和合体字。史金波先生在《西夏文教程》中讲述了西夏文字：『西夏文是一种死文字，我们没有人见到过西夏人怎样书写西夏字。好在西夏文和汉文是同一类型的文字，并且是借鉴汉字的笔画造字，我们可以借用书写汉字的经验来体味西夏字的书写方法。』下面以《西夏碑》字体举例。

西夏碑碑额篆书：

『敕感通宝塔之碑铭』或『敕感通塔之碑铭』。

单纯字结构：一般笔画较少，从音和义的角度上不宜再分解。单纯字构成新字的机会较多，是组成文字的基础。如：

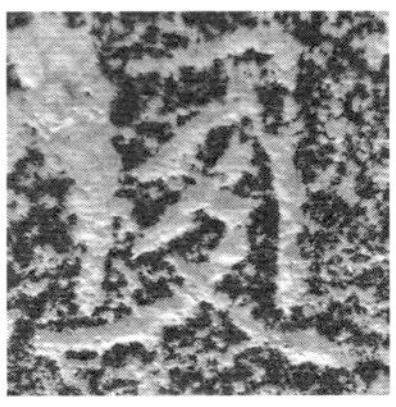
汉译：八

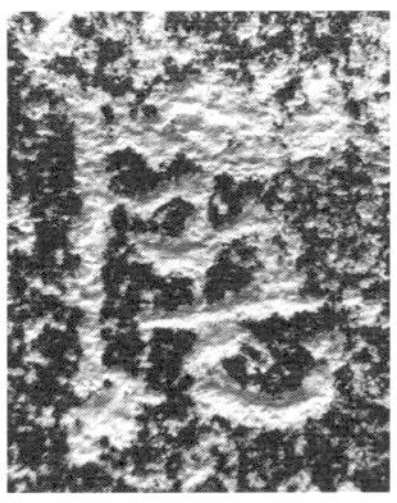
汉译：上

合体字是由两个或两个以上基本文字元素组合而成，结构上可分解。如左右结构：

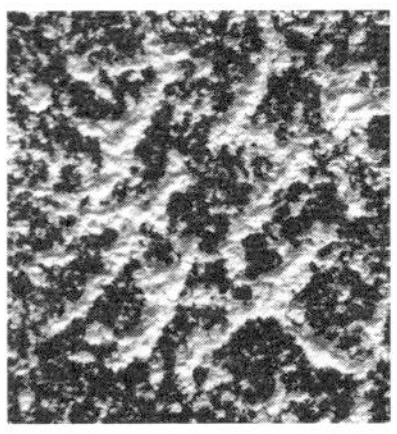
汉译：鼻拴

汉译：光、明

上下结构：

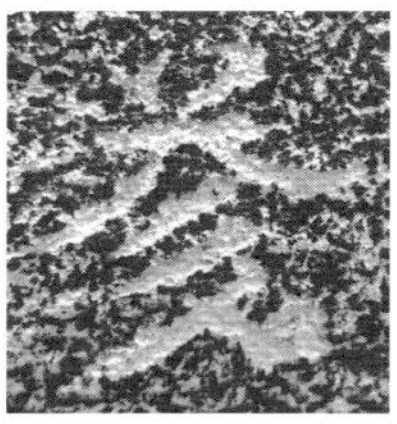
汉译：完、终、毕

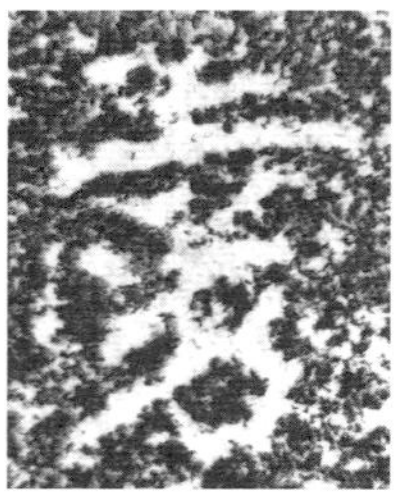
汉译：夜、夕、晚也（名）

左中右结构：

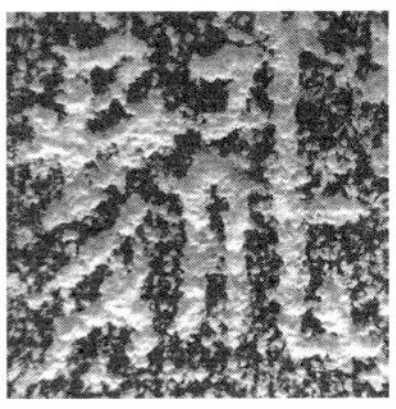
汉译：所

汉译：不

上中下结构：

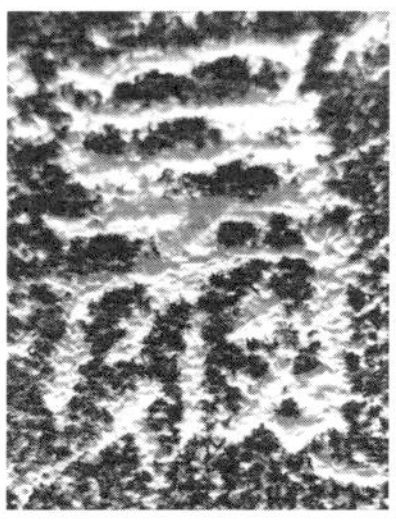
汉译：十

汉译：万

半包结构：

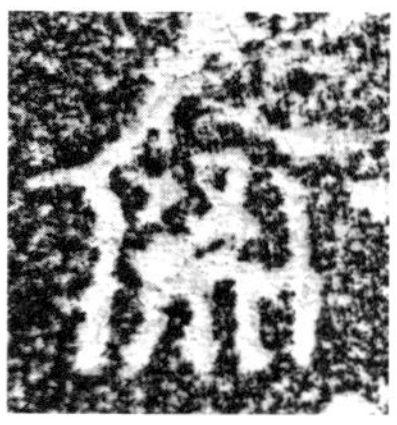

汉译：绫罗

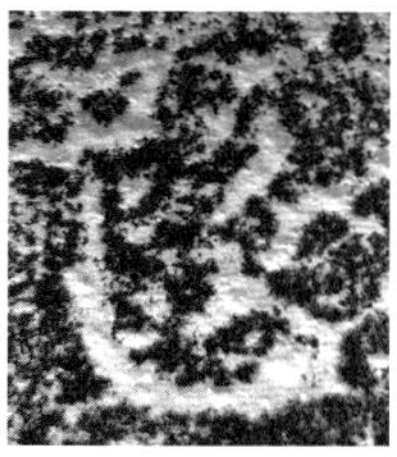

汉译：地狱

其他结构：

汉译：有

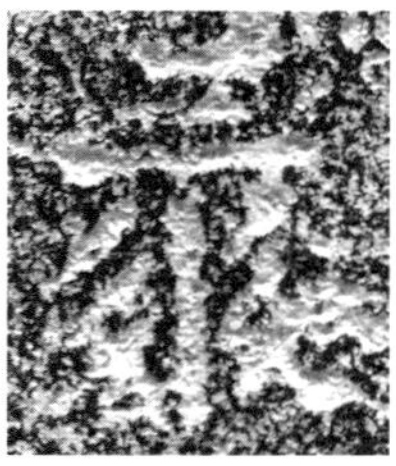

汉译：毫

从现有出土文物情况来看，西夏文字的书写工具仅见硬笔书写工具，具体为：（一）武威凉州区原西郊林场出土西夏木质硬笔及笔斗（图一）；（二）武威凉州区张义小西沟岘出土西夏竹笔（图二）。

图一

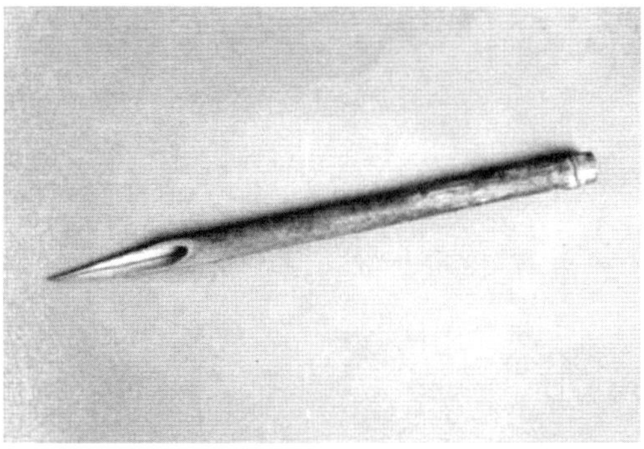

图二

拓片字迹和图案的整修与复原

——整修与复原《西夏碑》拓片工作中的一些体会和经验

长期以来，拓片因为其真实性和可靠性，成为文物工作者开展研究工作最主要的研究资料。如果拓片质量不高，拓片本身印迹模糊不清，将给研究工作带来意想不到的困难。经过几年的摸索和实践，我们在复仿制西夏碑工作中，在拓片文字、图案的整修和复原上投入了较多精力，使其复仿制有一个好的蓝本，具体做法如下：

一、挑选拓片

在有选择余地的情况下，挑选字迹和图饰边缘清晰的没有明显跑墨现象的破损少的为佳。之后将拓片进行托裱处理，用高清数码复印机进行复印，保证复印件准确、无误、不走样，再将拓片复印件拼接成适合案头工作需要的格式（横切式或竖切式），尽可能在原文四周留有空白，便于下一步工作。

二、整理、修复

将拼接好的拓片复印件根据需要的格式，按从上到下、从右到左的顺序编号，以一个序号为一个局部单元。将第一张拓片平铺在专用工作台上，按从左到右、从上到下的顺序动笔，这是因为所用的工具主要是碳素铅笔，只有这样才能保证所修复的纸面不被手臂擦掉。选择合适的碳素铅笔，根据拓片上存留的印迹和汉字的书写特点，采用以下方法：

（一）渲染排除法

此方法适应于拓片的修理。拓片模糊不清的原因有以下四点：1、因碑刻年代久远，自然损坏严重。2、石材质量，如易风化砂石，当文字、图案密度大时，局部容易剥落。3、人为破坏。4、还有一种情况是拓碑水平所限。前三种情况会导致拓片本身有缺陷。经过分析，造成西夏碑拓片字迹、图案模糊的主要原因基本上包括了以上前三种情况。西夏碑历经千年，在张澍未发现之前任凭风吹雨淋，并未进行保护，表面大部分内容已失去了原有的面貌，碑面的部分内容已无法辨认。故利用渲染排除法，将每个局部设定为一个特定单元，以其上下、左右空间为渲染排除的对象，按文字笔画、结构特点、书写规律，逐笔、逐画进行分拆排除，涂染成黑色。依此类推，直到每个字都完整地显现出来。当然也有个别字例外，如一个字只有部分清楚，那就应该从笔画最确定的地方着笔修复，逐渐扩大。

（二）填充法

个别文字不清楚，但能根据文献和其他资料确定是什么字在碑面中找出同类字，复制后填充上去。如没有同类字，用电脑技术，根据汉字的偏旁部首和特点进行组合，前提是需采用同一个碑面上的字体或同一个作者的书写风格。这一点必须要求工作人员有扎实的书法功底和美术鉴赏能力。

（三）空缺法

一种理性又合理的空缺要比盲目填字更需科学和冷静的头脑，我们的原则是宁可空着、缺着，也勿乱填、乱补。对西夏碑拓片的修复，将以上三种方法和其他方式灵活地加以应用，力求达到理想的效果。

三、复制、再整理、再修复

每当一个序号局部整理、修复工作结束后，将碳素铅笔底稿再用高清数码复印机进行复制，用此稿再度进行深入、细微的分析和修复。待全部序号的局部均完成后，第三次用高清数码复印机，依次将最终上碑稿处理成浅色。这主要是防止刻工在落稿描红时漏笔。再依据当初的编号顺序和原件拓片，拼接为定稿样式。在未上碑落稿之前，还有机会对内容和款式进行细致地复查和核对。特别需要指出的是，当最后的定稿展现在眼前时，一定要从大局着眼，通盘观察、分析、定夺。

经过以上几个步骤，基本准确地展现了西夏碑的原貌。

珠联璧合《西夏碑》找到原碑座

现存于甘肃省武威市西夏博物馆的《凉州重修护国寺感通塔碑》，是研究西夏文字的重要实证。此碑被称为解读西夏文的『活字典』。

清嘉庆九年（1804年），著名金石学家张澍在武威大云寺发现了西夏碑。200多年后的今天，西夏碑已经不是一块普通的碑刻。西夏碑的碑座就连在西夏碑碑身之下，竟不被世人所知。

1927年，武威因发生大地震，当地一些有识之士将西夏碑从发现地大云寺搬迁到武威文庙，不知是何缘故，碑身以下无字部分连碑座一同埋在了地下，从此碑座与世隔绝。加上现有文献资料中没有记载碑座的具体情况。随着时光的推移，人们不知道此碑还有碑座埋于地下。

2002年，武威西夏博物馆开馆，西夏碑终于有了『居所』。经过两年多的准备，2004年6—7月，西夏碑再一次从武威市博物馆（文庙）石刻陈列室搬迁到武威西夏博物馆。在搬迁过程中，人们惊奇地发现了深埋地下数十年之久的西夏碑碑座。它的发现弥补了西夏碑有碑无座的缺憾，大大丰富了西夏碑的美学内涵，为研究西夏历史提供了弥足珍贵的实物资料。

该碑座长98厘米，宽80厘米，底沿宽98厘米，高59厘米，石材为当地易风化砂石。从碑体正面看，碑座宽度明显小于碑身，碑座上下沿均留有不等群围图式，尤其是正面上沿为两层二方连续图样，下沿大体是根据石材的原始形状略加修饰，可惜其花纹已无法辨认。有趣的是正、背两面接近地表下沿处各有一对不规则凹陷，似乎是专为近距离观看碑文而特意设计的。

碑座正面图案为双狮舞绣球，体态丰满、厚实。狮子乃百兽之王，它是权力的象征。碑座背面图案为缠枝莲花。这里的前狮后莲代表着西夏王朝至高无上的权力。莲花与佛教有着密切的关系，它已成为佛教的一种标志。莲花图案也多见于世俗，莲足盘根，枝叶花茂，寓『本固枝荣』意。碑座右侧图案为麒麟，麒为雄，麟为雌，麒麟的标配是龙头、鹿身、鱼鳞、牛尾，与龙、凤、龟、貔貅合称为五大『瑞兽』。《毛诗义疏》：『王者至仁则出。』它武而不为害，不践生灵、不折生草，是人们极为喜爱的祥瑞之物。碑座左侧图案为飞马，党项族人在奔跑的马背上安插翅膀，使其理想化，把对马的热爱转化为对神灵的崇拜。碑座图案刻画采用高浮雕技法，层次分明，形式独特，图案内容具有极强的象征性和明显的地域特点。

如果将碑座四面平铺，会发现左侧的飞马头部和右侧的麒麟头部正对着正面的双狮和绣球。这起到了烘托主题的效果，正好体现了王者（狮）『唯我独尊』的内涵。背面的枝叶、莲花可视为独立的主题，又可连贯起来看待。四幅图案，三幅为动物，一幅为植物，更凸显了莲花的高贵。左右两侧的天马和麒麟可谓『天界神物』，前后的双狮舞绣球和缠枝莲花是『地上实物』，一虚一实，形成了强烈的对比。加上受其他民族文化的影响，其内容和形式表现了西夏统治者的思想和情感，体现了党项民族的聪明才智和高超的艺术创造力。

综上所述，我们清楚地知道，碑座的整体图案均围绕佛教这一主题雕刻，遵循了佛教思想，与西夏文碑文所叙述的基本内容、精神内核和篆刻该碑时所处的环境完全相吻合，与碑身构成了一个完整的整体。

当西夏碑重新竖立起来时，整体高度319厘米，宽100厘米，碑身厚30厘米。人们发出赞叹：西夏碑长高了，也更加厚重了。

《凉州重修护国寺感通塔碑》再认识

《凉州重修护国寺感通塔碑》又称《西夏碑》（以下简称）。

2004—2006年，我参与复仿制西夏碑的技术工作。在复仿制过程中，对西夏碑的版式、相关文字和图饰做了较系统的整理和研究，其中有以下新的发现：

一、西夏碑碑额正面飞天图案是两个完全不同风格的人物造型，左侧风格与敦煌壁画、唐晚期人物画风相近。柳叶眉、大眼睛、樱桃嘴、双重下巴，人物体态丰满、婀娜多姿。右侧人物具有明显的西域人物特征，高鼻梁、脸部骨骼隆起、体态魁梧、动感强。两个人物形象，就体现了中原和西域文化的交流和融合。

二、西夏碑碑面花边纹样，是以不规则菊花叶瓣做二方连续图案、从左下方起，茎叶向上顺时针作环绕状，至右下方结束，围一周呈一个『冂』形，具有和传统纹饰『万』字纹、『寿』字纹一样的寓意。

三、西夏碑正、反两面碑额有高低或大小之分。以背面（汉文）碑额横向花叶纹样为参照，正面（西夏文）碑额横向花叶纹样要低12厘米，也就是说正面碑额要大于背面。

四、西夏碑正背、两面文字排列行数和字数统计

正面西夏文字	行数	28	27	26	25	24	23	22	21	20	19	18	17	16	15	14	13	12	11	10	9	8	7	6	5	4	3	2	1
	字数	62	60	60	61	62	54	58	55	55	55	21	63	54	55	58	57	64	63	60	63	64	63	59	58	57	58	57	14
	题头	西夏文篆字 8 个字，正文（西夏文字）1570 字，共计 1578 字																											
背面汉字	行数	25	24	23	22	21	20	19	18	17	16	15	14	13	12	11	10	9	8	7	6	5	4	3	2	1			
	字数	32	69	68	69	59	48	52	52	52	52	49	67	66	66	68	65	68	67	66	67	67	65	52	43	27			
	题头	篆书 12 个字，正文 1456 字，共计 1468 字																											

五、西夏碑原碑背面（汉文）正文有15处空格，均在『佛』『二圣』前，从碑面整体所处位置看，在碑面的三分之一以上。正面（西夏文）情况基本相同。这主要表示对佛和美好事物的敬仰。

六、早在900多年前就出现的简体字：萬为『万』；繼为『继』；圖为『啚』。《汉字百问》中记述了我国最早的考古简化字，这比宋淳熙元年（1174年）重庆万盛墓碑和陕西省澄城县金明昌二年（1191）铁钟之说分别还要早80—97年。

七、汉字笔画的特殊书写形式：『外』（外）；『材』（材）；『再』（再）；『代』（代）；『武』（武）；『沙』（砂）；『誠』（诚）；『感』（感）；『戊』（戊）；『后』（后）；『人力』（人力）；『行』（行）。

八、在背面（汉文）右数第2行下端有一个4毫米大小的大写『七』字，从前后字词关系看，即『自周至七晋千有余载』。从文字编排上，并没有占一个字的空间，只是在『至』和『晋』字中间加了一个『七』字，不知是何故。

九、通过比较西夏王陵碑石与武威西夏碑规格尺寸，证明西夏时期碑刻是有着严格等级的。西夏王陵7号陵寿陵残碑根据测算是一座宽5米、高约2.8米、通高4.2米、厚约0.5米的由4座碑座托起的国内外罕见的大体量卧碑。它由碑首、碑额、碑文、碑托、碑座5部分组成，碑面敷朱色，文图鎏金，分阴阳两面镌刻，碑额篆书，碑文行书，碑图以98条龙饰图案为主，是我国唯一面世的『百龙碑』。西夏碑明显小于此碑。西夏碑由碑额、碑身、碑座3部分组成，两面镌刻，碑额篆书，碑文楷书，图案为飞天、花叶纹、狮子、飞马、麒麟、莲花等。无论是碑体尺寸、纹饰图案还是色彩处理，均无法与西夏王陵碑刻等同。前者是最高等级的，处处显示出皇家至高无上的权威。虽然西夏碑为佛教寺院所立碑刻，同样具有无上尊崇，但是凉州仅是西夏国的辅郡。从这一意义上讲，西夏碑无论是规格还是尺寸，均不可能超越前者。

十、西夏碑西夏文的书写工具是毛笔，西夏碑碑额篆书法飘逸、流畅、舒展。笔画起笔、收锋、转折均有『顿』『挫』之势。笔画粗细变化也合乎毛笔灵活、自然之属性。两行八字意为『敕感通塔之碑文』，是目前发现的最完整的八个西夏文篆书字，对研究西夏文及书法的演变具有十分重要的意义。

正文1570个西夏文字，足占了已知全部西夏文字的四分之一，其书法更能体现方块字的结构美和形式美。正文为楷书，启笔和收笔一般不藏锋，书法结构自然得体，不机械、呆板，是难得的西夏文书法范例。根据武威出土的西夏木版画等，证明西夏时期绘画书写工具就是毛笔。毛笔也是党项族惯用的工具，理由如下：1、创立西夏文字的野立仁荣出于对实用工具的依赖，他首先会选择自己习惯的书写工具。2、西夏虽然在历史上曾称雄一方，但与其并存的宋朝在政治、文化艺术等方面深深地影响着其他民族。

十一、西夏碑碑座被发现。1927年，武威因发生大地震，当地一些有识之士将西夏碑从发现地清应寺搬到武威文庙。随着时光的推移，人们不知道此碑还有碑座埋于地下，从此碑座与世隔绝，成为西夏碑的一个不解之谜。

2004年6—7月，西夏碑从武威市博物馆（文庙）石刻陈列室，搬到武威西夏博物馆。在搬迁过程中，施工人员意外地发现了埋在地下的碑座。当施工人员剥开碑体周围表皮土层后，碑体下面的连接物越挖越大，现场工作人员既兴奋又紧张。确认是碑座后，才发现这个坑足有六七平方米大，尤其是在石刻展室内，挖出来的土似乎将展室都占满了。对于出现的新情况，组织者又召集各方人员，并请来曾在20世纪七八十年代对西夏碑土表以上进行过加固工程的技术人员，以及在文庙工作过的老同志，对这一突发情况做了进一步的分析和研究，及时调整了方案。为保证安全，所有起重设备，根据计算参数都配以双倍的承载能力，反复进行了检查、核对。考虑到施工是在室内进行，大型起重设备无法施展。首先要将碑体与碑座进行分离，在开始起吊时就碰到了难题。按照起吊承载能力，理应是碑身与碑座分离，可连接榫卯处碑身上升了约2厘米后，又纹丝不动。透过被提升空隙，发现榫卯处凹槽内有块状填充物，经一番周折，提取物均为约宽5厘米、长8厘米、厚1厘米不等的呈不规则铁块，竟有十多块。再将直立碑身向前倾斜约30度左右，进行起吊，使碑身脱离碑座。而后将碑座吊出坑道，人们都被上面的纹饰或图案所震惊（见《中国文物报》2005年5月4日六版）。经过仔细观察、分析和考证，可从三方面证明这就是西夏碑的原配碑座：

（一）西夏碑碑身与碑座石料一致，均为武威西营山区一带的易风化砂石；

（二）纹饰、图案所表现的内容与碑体文字所反映的主题思想一致。碑座石刻中双狮、飞马圆雕技法和风格完全与宁夏王陵三号墓前发现的人像石座手法同出一辙，具有典型的西夏时期艺术风格；

（三）稀奇的石碑榫卯连接形成。该碑石一改传统的凹凸连接形成，而是在此基础上把凹形改为『凵』形式公母卯，更具隐蔽性和牢固性。实践证明，当这种榫卯经过严格的计算后，在连接的空隙中放入适合的楔子，因受碑身自身重力的挤压，其牢固程度比传统方式更强。假若在装卸中不采用倾斜角度，直进直出是无法取出或插入的，除非破坏原有的结构，这正是前面所讲石碑起吊后无法与碑座脱离的主要原因，同时也证明榫卯上下是一体的。该碑座的发现结束了人们长期就西夏碑有碑无座的争论。同时也引申出关于西夏碑碑座为何被掩埋地下、又是何时被掩埋等一系列问题。1961年3月4日，西夏碑被国务院列为『第一批全国重点文物保护单位』。根据时间推算，西夏碑被移到武威文庙石刻展室，肯定在1961年之前，否则申报重点文物保护单位时，人们不会只看见碑身而看不到碑座，并有意将二者分离开。就此相关事宜，我曾拜访过20世纪六七十年在武威文管会主持工作的老同志等前辈，大家均表示在历史上未曾有过关于西夏碑碑座的相关文献和口述资料，因此这些问题也只能待日后增补了。

十二、长期以来，人们误认为西夏碑碑额呈半圆形，其实不然。2004年，当西夏碑搬迁工作结束后，发现石碑正面（西夏文）碑额右上方有一段18厘米长的花叶纹饰，边线为直线呈斜角，另一载48厘米长的相同纹饰在正上方顶端呈水平状，依照两处纹饰的前后关系，将其连接，再将两面作对称关系处理，其自然呈『⌒』状，测量后，上角为130度，下角为140度。

十三、自人们认识西夏碑以来，都知道在碑石正面上端有一条自左至右呈倾斜的裂纹，这正是自20世纪以来均未敢移动的原因。2004年的搬迁证实，该裂纹是石料中原有的裂隙，在表皮以下2—3厘米之间，呈不规则锯齿状。宽约1厘米。

十四、西夏碑尺寸存在黄金比。在拓片工作中，我们发现西夏碑碑身大概是一张半六尺宣纸大小，侧面厚度与六尺宣纸顺长三开的宽度一致，长度与一张半宣纸的长度一致。由于石碑存世千年，碑体已经残损，现无法考证碑体的精确尺寸。现有数据，都有一定的差异，但是碑石整体或基本的形式是一致的。

十五、2003年年底，我有机会查到一份早期西夏碑背面（汉文）拓片残片。虽残破，但通过它证实了残片上的印迹与今天碑石的残损情况基本一致，并未发现西夏碑缺损部位加重等迹象，张澍在《凉州府志备考》所录碑文中关于对模糊字的空缺可与之相佐证。

《西夏碑》要事记

1804年，著名史学家、金石学家张澍在甘肃省武威大云寺发现西夏碑。张澍（1776—1847），字百瀹，号介侯，世居武威，清嘉庆四年（1799）进士；

1804—1810年，张澍著《书西夏天祐民安碑后》《偕同游至清应寺观西夏碑》；

1898年，法国人德维理亚根据西夏碑拓片，撰写《西夏或唐古特王国的文字》一文；

1925年，陈万里所著的《西行日记》中有寻找西夏碑的记载；

1927年，武威大地震，大云寺绝大多数建筑被震塌，西夏碑被移到武威文庙；

1932年，罗福成把西夏碑西夏文碑文译成汉文，同年发表于《国立北平图书馆馆刊》四卷三号；

1961年，国务院公布西夏碑为『第一批全国重点文物保护单位』；

1964年，日本人西田龙雄著《西夏语之研究》（上卷），并对罗福成所译碑文多有补正；

1976年，史金波著《凉州感应塔碑西夏文校译补正》；

1985年，陈炳应著《西夏文物研究》一书出版，对西夏碑作了深入研究；

1994年，李鼎文著《武威历史考辩三题》一文，发表于《丝绸之路》1994年第二期，对西夏碑做了考证；

2004年6—7月，西夏碑从武威文庙石刻陈列室搬迁至武威西夏博物馆。

结束语

《西夏碑碑帖》正式出版，在书稿成形之际，中国社会科学院古代史研究所明史研究室主任、武威市凉州文化研究院原副院长赵现海研究员，武威市凉州文化研究院副院长席晓喆和副研究员柴多茂对书稿提出修改建议，借此机会对领导、同事、朋友们的帮助和支持表示衷心的感谢。

出版社以武威西夏碑拓片为依托，利用现代科技手段，精心编辑、校对，尽显专业。由于西夏文书体《西夏碑碑帖》无先例可考，使得本书最终以这样的形式呈现在读者面前，难免有不足之处，请大家多多指正。

同时也希望日后还有机会完整地呈现西夏碑拓片。

作者 2023 年 7 月于兰州

作者介绍

吴峰天，祖籍甘肃武威。中国博物馆协会会员、中国民间文艺家协会会员、甘肃省民间文艺家协会原理事、甘肃省美术家协会会员、甘肃省书法家协会会员。曾在夏河县文化馆、夏河县司法局工作。后在西安美术学院油画专业学习。20世纪90年代初前往武威市，前后任职于武威市博物馆、武威市西夏博物馆、武威市文旅集团。甘肃省非遗保护项目『武威重刻剪纸』代表性传承人。『国家艺术基金』专家库成员，曾参加了国家艺术基金（一般项目）美术创作数十项资助项目的网络评审工作。